It's a boy

男孩的养育书

（0–7岁）

让男孩成为男孩的秘密

[美] 迈克尔·汤普森 [美] 特雷莎·巴克 著
卢春明 译

江苏凤凰科学技术出版社
·南京·

图书在版编目（CIP）数据

男孩的养育书：0—7岁 /［美］迈克尔·汤普森，［美］特雷莎·巴克著；卢春明译. —南京：江苏凤凰科学技术出版社，2019.7（2023.11重印）

ISBN 978-7-5713-0179-8

Ⅰ. ①男… Ⅱ. ①迈… ②特… ③卢… Ⅲ. ①家庭教育 Ⅳ. ①G78

中国版本图书馆CIP数据核字（2019）第046719号

This translation published by arrangement with Ballantine Books, an imprint of Random House, a division of Penguin Random House LLC.

江苏省版权局著作权合同登记 10-2017-569

男孩的养育书：0—7岁

著　　者　［美］迈克尔·汤普森　［美］特雷莎·巴克
译　　者　卢春明
责任编辑　沙玲玲
助理编辑　汪玲娟
责任校对　仲　敏
责任监制　刘文洋

出版发行　江苏凤凰科学技术出版社
出版社地址　南京市湖南路1号A楼，邮编：210009
出版社网址　http://www.psperss.cn
印　　刷　南京海兴印务有限公司

开　　本　718mm × 1 000mm　1/16
印　　张　15.25
字　　数　290 000
版　　次　2019年7月第1版
印　　次　2023年11月第6次印刷

标准书号　ISBN 978-7-5713-0179-8
定　　价　42.00元

图书如有印装质量问题，可随时向我社印务部调换。

献　给

汤姆·法斯

安德鲁·斯隆和大卫·C. K. 麦克里兰德

在写作本书的过程中，有无数人通过访谈、信件、书籍、研究以及填写网上调查问卷的方式跟我分享了他们的故事、专业知识，以及他们对某些问题的看法。我们要对他们表示由衷的感谢！在书中，除了专业人士以及一些允许使用他们真实姓名的人之外，其他人的姓名，包括患者、父母和儿童等的个人特点，都被隐去或者做了修饰，以保护个人的隐私。在某些情况下，出于同样的原因，还有一些细节也做了修饰。因此，如果读者觉得书中的某个人或者某件事与自己或者他人相似，这纯属巧合。

此外，虽然本书希望为读者提供养育男孩儿方面的权威信息，但是，无论是出版社还是作者本人，都并不希望用这本书来取代任何专业的咨询或者治疗。如果你对自己或者孩子有什么疑问的话，请及时寻求专业人士的帮助。

拯救男孩的关键是教育

孙云晓

老朋友司惟邀请我为《男孩的养育书》作序，我们曾经是中国少年报社的同事，多年来都在为少年儿童健康发展尽力，我自然不能拒绝他的好意。尽管正在日本旅行，也要抽时间完成这个任务。

也是与男孩问题有缘分。在46年从事儿童教育与研究的过程中，男孩问题是我长期关注的问题之一。我与李文道博士合著的《男孩危机》（原名《拯救男孩》），曾经引发媒体与父母们的广泛关注。所以，当我读到美国的迈克尔·汤普森博士和特雷莎·巴克合著的《男孩的养育书》，感到知音般的亲切与共鸣。所以，愿意为之作序推荐。

其实，男孩与女孩的差异是显而易见的。比如，我经常在全国各地讲课，发现几乎每一所小学的班级里，都有几名学习成绩落后的学生。我问老师这些所谓的“差生”是男孩还是女孩？老师们异口同声地回答：“男孩！肯定是男孩！”当我参加一些小学生的活动，发现组织者大多数是女孩。某年在广州市少年宫讲课，巧遇一个小记者培训班，班里居然都是女孩。指导老师说，这是各个区推荐来的。

这难道是一个又一个巧合吗？多年来，我陷入深深的怀疑之中。离开中国少年报社之后，我长期在中国青少年研究中心工作，曾经与北师大合作研究发现，中小学男女生在学习方式上存在显著差异：男生最擅长的学习方式，是运动、动手操作、使用计算机、体验，而女生最擅长的学习方式是情感交流、阅读、聊天。也就是说，男生擅长运动和动手操作，女生擅长情感交流和阅读，而这有许多脑科学和心理学研究的证明。

如汤普森博士书中介绍：随着脑成像技术的发展，我们可以在完全安全的情况下对儿童的脑进行观察。这些研究表明，男孩儿和女孩儿的脑比我们过去所认为的要有更大的差别。哈佛大学心理学教授史蒂文·平克（Steven Pinker）说："迄今为止，人们已经发现了60项男性和女性之间的重大差异，其中的一些差异跟我们如何养育男孩有着密切的关系。"

严重的问题在于，中国的中小学生太缺乏运动和动手操作的机会，男生们最喜欢也最擅长的潜能受到学校和家庭的严格限制，岂能不雪上加霜？所以，我用各种各样的方式为男孩的发展呐喊，希望推进教育教学的改革。

我一向认为，教育孩子的前提是了解孩子，而了解孩子的前提是尊重孩子。汤普森博士和特雷莎·巴克合著的《男孩的养育书》之所以值得推荐，就是因为他们依据科学的诸多发现，对于18岁以下男孩的发展规律和特点，做出了详细的介绍和建议。

读《男孩的养育书》的时候，我发现作者是比较谨慎的。例如汤普森博士申明自己的三个基本观点：第一，儿童首先是个人，然后才是男孩儿/女孩儿。因此，他们对爱、依恋、营养、指导、挑战和理解的需要通常都是相同的，至少，其相似性远远大于其差异性。第二，人类个体之间的差异远远大于性别之间的差异。个体差异体现在脑功能和脑结构、先天气质、人格等方面，并且在这些方面，个体差异超过了性别差异，人格的力量远远超过了性别。第三，性别的确很重要，性别的确有非凡的影响力。我们的性别跟我们的民族、阶层以及家庭一样，是我们最重要的身份标志之一。它在相当程度上决定了我们最终的命运。

这三个基本观点可以视为性别教育的三大原则。因为性别教育不宜走极端，不能因为发现性别差异就忽视人的本质属性。就儿童来说，最重要的是尊重他们的生存权、发展权、受保护权和参与权。最好的儿童教育是儿童友好的教育，即符合儿童优先的原则，尽可能实现儿童利益的最大化。从儿童友好的角度看，这三个基本观点或者说三大原则的根本价值，就在于为实现儿童权利和儿童优先奠定了基础，同时也开辟了宽广的道路。

当然，毕竟是美国的专家，其写作有深厚的美国文化与教育的背景，特别是关于性与性教育的评说，未必都适合中国的国情，中国的读者需要注意文化的巨大差异，选择积极有益适合中国的分析和建议。

或许可以说，既充分注意到男孩的特点和需求，更注重培养孩子的良好习惯与健康人格，是汤普森博士给予我们最为重要的建议，也是《男孩的养育书》的精髓所在。

（作者系中国青少年研究中心家庭教育首席专家、二级研究员，首都师范大学特聘教授，著有《男孩危机》《女孩危机》等著作和《九个好习惯成就孩子一生》48集音频节目。）

男孩儿真的不一样！

迈克尔·汤普森

在我的整个职业生涯里，我一直都在跟爸爸妈妈们和老师们讨论关于男孩儿的问题。最初我是一名中学老师，接着，我成了一名高中辅导员，在后来的25年里，我成了一名心理学家。从我拥有自己的私人办公室开始，在我所接待的来访者中，有70%是男孩儿和男人。男孩儿们总是给我以启发。我了解他们充沛的能量，享受与他们深厚的情谊，欣赏他们睿智的见解。我见证了男孩儿们对家庭、对兄弟姐妹的感情，也见证了他们对音乐、活动以及体育运动的不懈追求。我看着他们在学校里、在生活中、在走向成功的道路上奋力挣扎，眼里流着泪水，脸上带着欢笑。我喜欢他们的活力、他们的热情和幽默。我还知道，男孩儿的成长之路充满了荆棘，同时，男孩儿们从来都不是懦夫。

以前，我们想当然地认为——男孩儿和女孩儿是一样的；或者至少，我们不允许自己说男孩儿和女孩儿有所不同，因为这意味着你带有某种偏见。直到最近一些年，这种状况才有所改变。其实，我们早就知道，男孩儿和女孩儿拥有不同的身体特征、生殖器官和荷尔蒙激素，可是我们就是假定男孩儿和女孩儿的脑大体上是一样的，他们需要父母提供大体上同样的关爱来长大成人。这就是为什么过去那些最棒的育儿经，例如儿科专家T.贝里·布雷泽尔顿（T. Berry Brazelton）、佩内洛普·利奇（Penelope Leach）以及本杰明·斯波克（Benjamin Spock）所写的那些书，几乎从不提性别差异问题的原因。他们从来不会对男孩儿和女孩儿进行区别对待。

到了现在，我们能够通过两面镜子来观察我们的儿子。一面镜子是日益增加的关于男孩儿的科学发现。无论对于我们，还是对于男孩儿来说，这些科学发现都有巨大的帮助。另一面镜子，则是我们对男孩儿的担忧和恐惧，这些担忧和恐惧对男孩儿非常有害。父母们会竭尽全力在两面镜子之间寻求平衡，有时候难免会遇到困难。

妈妈们总是担心跟女孩儿相比，男孩儿更喜欢身体活动，更愿意冒险，他们在学校里更容易惹麻烦，其实大多数此类的情况都是正常的，没有必要担心；不过有时候需要家长关注。我的愿望是，在了解了你儿子的生长发育规律之后，你就会清楚什么情况下该认真对待，什么情况下该静观其变，并乐在其中。

下面，让我们花点儿时间谈一谈关于男孩儿的最新科学发现。

随着脑成像技术的发展，我们可以在完全安全的情况下对儿童的脑进行观察。这些研究表明，男孩儿和女孩儿的脑比我们过去所认为的要有更大的差别。哈佛大学心理学教授史蒂文·平克（Steven Pinker）说："迄今为止，人们已经发现了60项男性和女性之间的重大差异，其中的一些差异跟我们如何养育男孩儿有着密切的关系。"

关于婴幼儿的研究已经表明：与女孩儿相比，男孩儿早期对妈妈和爸爸的依恋更容易受到破坏；他们对妈妈和爸爸的需要跟女孩儿一样多，甚至更多（所以不要因为他们是男孩儿就过分地锤炼他们）。

在这本书里，我没法把这些科学问题全都解释清楚，在以后的若干年里，这些问题将继续是科学工作者们感兴趣的话题。随着神经生物学家们更多的发现，我们目前的知识会不断得到更新。从个人的角度来说，我本人是个温和派。我不太相信生物学方面的发现会瞬间改变我们原来所有的育儿方式，所以，我倾向于使本书的观点建立在较为坚实的科学基础上，不会过于激进。不过，如果读者希望现在就从我这里得到一些育儿方面的建议的话，我还是愿意告诉他一些关于男孩儿和女孩儿的差异之类的事实的。

在本书中，我的观点主要有三个基本要素。它们看似相互矛盾，其实不然。我愿意把它们想象成关于男孩儿和女孩儿性别差异问题的三种不同的思维角度。它们结合在一起，就能为父母们该如何养育孩子的问题提供帮助了。

第一，儿童首先是个人，然后才是男孩儿/女孩儿。因此，他们对爱、依恋、营养、指导、挑战和理解的需要通常都是相同的，至少，其相似性远远大于其差异性。这也是为什么在没有最新的关于男孩儿和女孩儿性别差异的科学发现之前，基于常识的育儿经验在过去那么多年里都能正常运作的原因。如果在常识和新的科学发现之间出现了矛盾，我会坚持过去的经验和常识的。

第二，人类个体之间的差异远远大于性别之间的差异。个体差异体现在脑功能和脑结构、先天气质、人格等方面，并且在这些方面，个体差异超过了性别差异。也就是说，如果你是一个非常腼腆的人，这种性格特点给你的生活带来的影响跟是男是女给你带来的影响一样大；如果你是一个非常有能力的体育健将，这种技能将会对你的人生产生深远的影响，而无论你是男是女。是的，人格的力量远远超过了性别。

第三，从另一方面来说，我相信性别的确很重要，这也是我写这本书的原因。无论我们是否接受西格蒙德·弗洛伊德（Sigmund Freud）的名言“生理结构决定了人的命运”，我们都要承认，性别的确有非凡的影响力。普通男孩儿和女孩儿——我说的是一般的、普通的——的确有一些值得注意的差异，这些差异体现在家庭和学校生活的方方面面。在我们的人生中，我们的性别跟我们的民族、阶层以及家庭一样，是我们最重要的身份标志之一。它在相当程度上决定了我们最终的命运。在了解了一个儿童的性别之后，我们就可以较为准确地预期他喜欢什么样的玩具，在他10岁的时候，他跟伙伴们的友谊会是什么样子的。性别还会告诉我们孩子在不同的年纪可能会遇到哪些问题，以及这些发展过程中的问题该如何克服。

所以，我们应该讨论一下男孩儿的行为有什么特点，他们在不同的年纪会对外界刺激做出什么样的反应，他们喜欢什么，不喜欢什么。我们还应该讨论男孩儿巨大的个体差异，男孩儿的共同特点是什么。这就像是我们知道世界上没有两片相同的树叶，也没有两个性格特点完全相同的孩子一样，关于性别特点的知识也会帮助我们更好地了解男孩儿，了解我们养育他们的方式。

今天，男孩儿比以往遇到了更多的危机。现在，从新闻报道中，我们会听到关于男孩儿学业不良，但女孩儿从小学、高中到大学、研究生学习成绩一直比男孩儿好的资讯。在很多年以前，58%的大学毕业生是男性；到了2007年，57%的大学毕业生是女性。很快，在大多数大学校园里，女生的比率将会达到60%以上。

在上述问题的背后，还有很多社会性方面的问题。这些问题同样给男孩儿的成长带来了深远的影响。这些问题包括：离婚率的攀升，未婚妈妈的增多，日益激烈的全球化竞争，在学校和体育方面过早的竞争压力，学校里男老师的减少，日益严峻的毒品和酗酒问题，以及大量的网络色情和网络游戏。也许，还有一个同样重要的，但是常常被忽略的原因，就是我们的儿子逐渐失去了可以自由自在玩耍的户外安全场所。

从以上的内容可以看出，从科学研究的发现到家庭的养育模式，男孩儿生活的各个方面都发生了巨变。在这样的背景下，父母所关注的问题很自然地就会跟过去30年有所区别。虽然一般来说，我们都担心我们的孩子——这也是我们的任务——但是现在，我们对儿子的担心要多于女儿。由于各方面的原因，我们好像不再相信男孩儿和他们自然的生长发育了。正是由于父母逐渐丧失了对男孩儿生长发育的信赖，才促使我写作这本关于养育儿子的书。我希望我的经验能够帮助你培养一个健康的儿子。

为了写作这本书，我对很多老师、父母和男孩儿进行了访谈。同时，还有超过400位父母和差不多200位老师在我的网站www.michaelthompson-phd.com上填写了关于男孩儿的详细而冗长的调查问卷。还有一小部分18岁以上的男孩儿也给我写了信，分享了他们儿童时代的故事。这些资料为我们提供了大量的信息，以及一些诙谐有爱的逸闻趣事。通过这些信息和趣事，我才能生动鲜明地为读者展现出男孩儿的生活。我相信，其他父母谈论他们自己儿子的话语将会在读者（无论他们是否曾亲耳听过）的耳畔回响。

本书（分上下两册）是按照时间顺序安排的，从妈妈怀孕开始，直到男孩儿18岁，差不多接近高中毕业的时候。在阅读本书的过程中，你会发现，每一章都有三个部分。第一部分，正文详细谈了男孩儿们在该年龄主要的心理发展问题，并描绘了不同男孩儿的特点以及他们所遇到的困难。第二部分，介绍了那个年纪的男孩儿在八个方面的发展轨迹，例如身体发展、情绪的自我调控，以及道德和精神信仰方面的发展。每一章的这个“发展的八条线索”部分为每个年纪男孩儿的成长故事提供了发展方面的背景知识。最后，每一章还为父母提供了一些建议，并深入挖掘了男孩儿某个方面的特殊问题。

男孩儿和女孩儿之间的一个差别就是，男孩儿不像女孩儿那样跟你讲很多心事。这会让你——特别是女性——很难了解他们到底在想什么，他们的生活到底是怎么样的。本书将对男孩儿的正常发展阶段和心理发展过程中的重大标志性事件进行解读，包括他们的依恋和身体的、社会的、学业的、认知的，以及道德和精神信仰方面的发展——这些发展所带来的欢乐和挑战都是你在男孩儿的每一个发展阶段里将要面对的。

有爱心的父母希望为他们的男孩儿做正确的事情。无论他们的儿子是否是“完完全全的男孩儿”，也无论他们的儿子是否与他们对男孩儿的刻板印象一致，他们都希望了解他们的儿子。父母们想知道，他们在养育儿子的过程中所面对的大多数问题是否都是正常的，他们还希望知道该如何将这些正常的问题与那些需要真正操心的问题区分开来。这可能就是你手里拿着这本书在读的原因。我希望这本书会对你养育儿子有所帮助。

在漫长的成长过程中，男孩儿们跟我们一起分享了他们的创造力、幽默、专注、想象以及无尽的欢笑。如果你在养育一个男孩儿，我想送给你一句话：学会欣赏你家的男孩儿吧！

目录

如果你将要成为一个男孩儿的父母，你就需要做好亲历这一迷人旅程的准备。让我们一起触发你内心的“男孩儿按钮”，使你的男孩儿之梦得以轻松展开。

从出生到18个月

所有的婴儿，包括你儿子，生来就是爱妈妈的。他是你最忠诚的粉丝。你要做的事情就是顺从他的浓情蜜意，然后，你就会爱上他。

每一个男孩儿身上都已经拥有了问题的答案，关于男孩儿的真理，等着我们一点一点去发现。

儿子从一个可爱的、甜美的婴儿变成一个任性的2岁幼儿，对任何父母来说，这都是一个最艰难的过渡。对于男孩儿的妈妈来说，看到儿子开始出现违抗、任性，甚至动手打人的情况，有时候会深深地震惊，甚至迷惘。

从3岁到4岁

4 岁大的男孩儿喜欢受到夸奖，喜欢炫耀，喜欢自夸“我跳得最高”或者“我会数数”。他充满好奇，又有点儿自我膨胀。

他还相信他可以按照自己的愿望和想法来创造世界。他生活在一个充满魔力的世界里。那里生活着恐龙，发生着荒诞不经的故事，有幻想中的伙伴，以及天大的白日梦。

对他来说，现在最困难的事情就是如何控制他体内的能量。由于这些能量，他在学校里惹出了很多麻烦。他必须学会如何应对这些麻烦。安静地坐着、书写、画画，学校里现在就要求这些。可是，他仍然在不停地活动、蹦跳、打滚儿。

第一章

梦中男孩儿：你在期待什么？

出生前

It's a boy

亲爱的宝贝，你在想什么？

——一个刚刚怀孕的妈妈

和天下所有喜欢孩子的父母一样，在安德鲁出生以前，他的父母就已经开始忧心安德鲁的养育问题了。比如，在儿子成长的过程中，该如何让他平衡学习、运动、音乐与游戏，合理安排跟朋友玩耍与陪伴家人的时间？在儿子收拾好房间以前，应该让他看电视吗？父母在什么情况下应该保持权威，什么情况下应该民主？虽然现在考虑大学的事情还太早，但是即使他们不想强迫儿子马上就决定将来干什么，他终究还是无法回避家庭和事业的。“我们还是等着看吧。”妈妈一边抚摸着怀孕的肚子，一边戏谑地说。此时，距离安德鲁出生还有两个星期。也就是在此时，可能安德鲁在妈妈的子宫里正忙着大翻身，他那胖嘟嘟的小脚在妈妈的肚子里勾勒出美妙的弧线。

可能你也想要一个男孩儿。随着他的到来，家里会显得更加朝气蓬勃。而且，如果他是你的第一个孩子或者第一个男孩儿，你对这个孩子的好奇和关注就会非常强烈，以至于你的脑子已经无暇他顾，他已经成为你的全部谈资了。你曾听别的妈妈说过：“男孩儿真的不一样啊！”而实际上，他们就是不一样的。如果不是这样，那我就没有必要写这本书了。有人说“男孩儿好养活”，也有人说“男孩儿很单纯”“男孩儿喜欢妈妈”。可问题是，你如何将这些美妙的故事与那个无法沟通、行为恶劣、学习困难、内心郁闷、迷茫的男孩儿联系起来呢？

如果这是你第一次与男孩儿的生活亲密接触，你可能会对这种状况感到既兴奋又紧张。如果你已经有一个儿子，或者你有兄弟，又或者你是一名父亲，并且对自己的儿童时代记忆犹新，那么，你对如何养育男孩儿的问题就会觉得更加自信和兴奋，或者更加谨慎，以防患于未然。

也许你是一个两岁男孩儿的妈妈，你的小男孩儿突然开始与你疏离。他开始违抗你的命令。当违反了规则或者碰了什么不允许碰的东西的时候，他竟然敢跟你大胆地对视。当你责备他的时候，他欢快地大笑。他似乎非常任性和叛逆。这正常吗？

又或者，你是一个较大男孩儿的妈妈。你的儿子已经开始渐渐离开你的视线，并进入一个妈妈无法触及的只有男孩儿的世界了。你们每天上床睡觉之前的交流变得越来越少，他每天的行踪也越来越飘忽不定。你已经听别人说过男孩儿就会这样的。但是令你迷惑不解的是，你跟儿子过去曾经那么亲密无间……当然，一切才刚刚开始！

如果你是一位父亲，即使你自己也曾经是一个男孩儿，而且从理论上来说，你知道所有可能发生的事情，可是你仍然无法自豪地宣称你对养育男孩儿一点儿都不感到紧张。或许，你小时候过得不好，或者你对自己的父亲有一种复杂的感情，你想在儿子身上改变这种父子关系。又或许，你曾经是一个幸运的男孩儿，现在是一个幸运的男人、一个充满热情的父亲，你想把这些幸福带给儿子。如果你是一位父亲或者即将成为一位父亲，你的这些努力将使你对男孩儿的生活理解得更加深刻。而且，这对你的儿子来说，已经是一种福分了。

是什么使男孩儿成为“男孩儿”？

细想一下你就会觉得奇怪：从遗传来说，女性的生理特点是人类的“默认设置”①。在某种程度上，这可以解释为什么男孩儿出生的过程更加困难，并且出生的时候比女孩儿有更多的健康问题。人类的生命形式更加青睐于女性的生理特点。

那么，男孩儿生命开始的过程就完全可以预期了。你孩子的性别在怀孕时，即精子穿透卵子生成合子的那一刻，就已经决定了。妈妈的卵子为合子贡献了X染色体，爸爸则既可以贡献X染色体，也可以贡献Y染色体，这取决于哪个精子率先完成任务。如果卵子接受了来自爸爸的X染色体，那么就会生女孩儿—XX；否则就是男孩儿—XY。由于女孩儿拥有XX组合，所以对某些遗传疾病有更好的抵抗力。即使一个胚胎拥有XY染色体组合，它仍然需要一个额外的步骤，即通过荷尔蒙激素，使胎儿转变成男孩儿。如果由于某些原因，这个额外的步骤没有实现，那么无论这个孩子从基因上来说是XX还是XY，他都会看起来像个女孩儿。不过，在生命的前6个星期，无论是男孩儿还是女孩儿，胚胎看起来都是一样的。

如果胚胎拥有Y染色体，那么在Y染色体的短臂上就会有一个决定性别的基因，这个基因会将胚胎的性腺转变成睾丸。此后很快，睾丸就会产生一种类

① 默认设置指人的生物学结构和遗传方式更适合于女性。——译者注

似蛋白质的物质，阻止子宫和输卵管的发育。睾丸还会分泌睾丸激素——一种男性的荷尔蒙。然后，男孩儿的发育就开始了。

要成为男孩儿，不只是要有男性荷尔蒙，胎儿的组织器官还必须对男性荷尔蒙进行响应。如果响应了，那么有可能发育形成女性生殖器——阴唇——的组织就会融合而形成男孩儿的阴囊。如果你观察一下阴囊，就会发现阴囊中间有一条向下的接缝，就好像它是由两部分缝接而成的。这是因为它曾有可能在女性身上成为分离的两半。

如前所述，人类向女性发育的倾向是非常强的，如果在向男性发育的过程中出了问题，就可能会发生流产。我们知道，与女性相比，有更多的男性胎儿在怀孕期间自然流产，更多的男孩儿有先天遗传缺陷或者在出生时有呼吸问题。因此，从生物学意义上来说，从生命的开始到结束，男孩儿都比女孩儿更加脆弱。

发育是儿童成长的根本动力。在发育过程中，各种先天的、后天的以及纯粹偶然的因素会共同发生作用，并最终制造出一个独特的人。在这本书里，我们集中关注的主要问题是男孩儿的心理发展过程，这是一个关于男孩儿的内心世界如何形成，如何经历婴儿期、儿童期以及青少年期的成长而不断发展变化的过程。成年人不太容易理解这个过程。但是，这个过程确确实实地发生了。每一天，男孩儿们都在展示着这个过程，新的情况不断地出现。在心理发展这个大背景下，我们在本书的开头，首先需要了解在每一个心理发展阶段都有哪些关键问题。这是因为，对于你和你的儿子来说，他的人生发展就像是一场儿

童剧。

如果你在怀孕期间和孩子出生以后有大把的时间来思考，那么你的心里一定对这个男孩儿充满了期待和好奇。你想象着你的儿子在6个月、2岁或者20岁的时候会是个什么样子。你可能阅读了大量的关于父母如何养育孩子的资料，从家人、朋友，甚至是陌生人那里听来了大量的建议。而且，每天都会有一些关于儿童青少年脑科学和性别差异的最新研究进展报道出来。但是，这些东西对你如何养育儿子帮助不大。那么，你如何将这些想到的、看到的和听到的东西转变成合理有效的男孩儿养育模式呢？你如何回答未来18年里最重要的两个问题：男孩儿到底需要什么？我儿子又将需要我做什么？

下面，我们将一起回答这些问题。但是在此之前，让我们先一起回到很久以前你的男孩儿之梦开始的地方。

拥有男孩儿是长久以来的梦想

当我邀你探索男孩儿的内心世界的时候，你可能觉得这个过程比较陌生。但是，我要告诉你，其实你一直都在思考着这个问题。设想着某一天会拥有一个孩子——把这个孩子想象成一个男孩儿或者女孩儿是所有人最普遍的想法。这个想法从小就有。当人们小时候刚刚能讲话并进行想象游戏的时候，他们——无论是男孩儿还是女孩儿——就开始扮演父母的角色了。最初，演员只有他们自己，接着，其他孩子开始加入。他们每天仔细观察着亲爱的爸爸妈妈的行为，并进行模仿。

我们大多数人肯定玩过某种形式的家庭角色扮演游戏，并在其中扮演了妈妈或者爸爸的角色，而且还曾摇着布娃娃睡觉（或者，如果你是个男孩儿，可能会将玩具拆开或者将其扔到空中扮演超级英雄，或者在泥地里打滚儿），并滔滔不绝地说着男孩儿和女孩儿各自喜欢的事情。你扮演医生，毫不隐讳地询问关于身体某个部分的问题，并记在心里。作为一个孩子，你还会在日常生活中不断地学习一些关于性别的知识，并把你学到的知识提供给父母、老师，或者其他你觉得没有见识的孩子。

如果你是个女孩儿，你可能会记得在学校里曾向老师控诉过某个讨厌的男生——那个大嗓门的、烦人的、笨拙的、神经兮兮的男生，那个打扰你、令你分心的男生。或者，你会记得你不喜欢同一个组的男生，特别是当他们追着你和你的朋友们在操场上疯跑的时候，又或者是在少年时期，当你发现他们越发讨厌、不可理喻的时候。

如果你是个男孩儿，你可能记得当你站在女生周围时是一种什么感觉。你也许曾拒绝玩某个游戏或者做某件事情，并大声抗议“这是女生玩的！”或“我们不愿意跟女生在一个组”。这些话语明确表达了一个8岁男孩儿的喜好。

儿童时代的这些经历使我们对男孩儿有了初步的了解，并学会了如何了解男孩儿的需求与愿望。可是在成年以后养育男孩儿的现实生活中，儿时的这些经历和体会似乎已经远去了，我们大多数人可能都不记得了。不过，我们童年时代的经验形成了一个巨大的记忆库，里面有我们以前的想法、愿望和体验。其中很多都是无意识的。这个记忆库在我们养育我们自己的孩子的时候发挥着重要的作用。不管我们是否记得这些东西，在这些东西的影响下，我们已经对男孩儿形成了终生固定的看法。因此，关于男孩儿应该是什么样的，他们是否容易养育，他们在成长过程中需要什么东西，其实我们已经有了一些很明确的认识——我称之为“梦想”。

孩子的性别会将你过去作为男性或者女性成长的历史、经验以及喜好统统都抖搂出来。它会唤起你对父亲、兄弟，或者丈夫（如果你是一位妈妈）的最深层的情感。拥有儿子将会改变你的人生和心理，而不仅是你对养育男孩儿的体验。脑科学的研究表明，养育孩子能够从神经层面上影响你看待孩子的方式。在养育经验的影响下，荷尔蒙和镜像神经元会建立与之对应的生化循环。我们不仅体验着为人父母的身份，这个身份同时也塑造着我们的经验。在“脑—心理—行为”的相互作用下，再加上前面提到的梦想，一起触发你内心的“男孩儿按钮”，使你的男孩儿之梦得以轻松展开。

到底是个男孩儿，还是女孩儿？

一旦怀孕了，那么你最想知道的事情就是：到底是个男孩儿，还是女孩儿呢？这是一个很复杂的问题。它会唤起你对男孩儿的美好憧憬，或者些微抵触，又或者是五味杂陈。

我们每个人都有关于男孩儿的记忆，而养育男孩儿——甚至仅仅是想象一下——都会触发这些记忆。

如果你发现怀的是个男孩儿，可是由于各种原因，这完全出乎你的意料，那么，你会怎么办？有一位妈妈回忆道，当发现怀的是个男孩儿的时候，她觉得有点担心，因为男孩儿好像要比女孩儿粗鲁得多。她还说，让她担心的还有一点：他（儿子）会是跟我的性别完全不同的另一个人。

不只是妈妈们对儿子充满了或幸福或矛盾的感情，男人们也面对着更大的现实问题。特别是，人们都希望父亲是一个有能力提供衣食住行的人和可靠的保护者。有一位父亲曾告诉我说，他被这种现状“吓坏”了。另一位父亲则在思考：“我该怎么养育他呢？怎么教他运动（我不太喜欢运动）？要参军吗（虽然我是一名老兵，但是我不希望我儿子参军）？将来儿子会遇到各种人际关系、酗酒、毒品等问题，我怎么教他？”

每一对父母迟早都会发现，你不能总是如愿以偿。你当然不会得到你所希望的一切，同时，你所担心的事情也不一定会发生。总有一天你会平静地面对上天赐予你的一切。

换句话说，最终你必须面对一个事实：你在养育儿子。文化对你和你的儿子有很多刻板的要求。在内心深处，我们每一个人都有一个想象中的男孩儿的模板，而我们必须恪守这个模板。

父母对养育男孩儿所产生的希冀和担心主要来自四个方面。第一，也是最重要的方面，它们来自于家族数代以来的历史以及历史上曾发生过的各种关于男孩儿和男人本性与命运的教训。其中有些可以回忆起来，而另一些则深藏在潜意识之中。第二，它们来自每个人在儿童时代与男孩儿相处的经验。第三，它们来自深植于文化中的对男孩儿的期许。第四，也是最后一个，它们来自当前从新闻、娱乐媒体和广告中获得的对男孩儿的印象。所有这些因素决定了我们对男孩儿的需要和需求的看法，以及我们是否应该满足这些需要和需求。它们使我们对男孩儿的未来产生期待，并想象着他该如何成为家庭的一员。

你那个家族中数代以来传下来的故事是怎么描述男人的命运和价值的？女性们在治疗过程中告诉我说，“我家族中的男人们做得不好。”或者“在我的家族中，女性是主导。”这意味着，相对而言，男性的地位和作用要弱一些。如果你来自一个男性都酗酒的家族，情况又会怎么样？如果你祖父是个浪荡公子，或者是一个非常成功的商人，却以自我为中心，不关心家庭，又会如何？如果你离过婚，儿子的父亲让人极度失望，又会如何？

反之，如果你的祖父努力工作，每晚都待在家里，与孩子们一起吃晚饭、聊天，会怎样？如果你丈夫诚实、勤奋、细心呢？或者他正在使男性在家族中的地位得以振作呢？有很多方式会使家庭的生活染上男性色彩，我们大多数人都能在家族谱系中找到一些有启示和警示作用的故事。

作为一个孩子，你可能不断地听到家族中有关男性的各种美德和恶习，你从中吸取了教训：男性是软弱的，男性鲁莽并英年早逝，男性是负责任的，男性为了工作牺牲家庭，男性为了家庭牺牲自己。这些教训的影子无处不在。

我们都会被数代以来的或悲情或励志的事例所触动，这些事例迫使我们在养育儿子的时候要么希望复制出家族中成功男性的历史，要么至少是避免重蹈悲剧的覆辙。

无论你的家族传说中有完整的男性人物还是由于某些原因被遗忘了，你在心里都会回溯家族中男性先辈们的故事。因此，你会把儿子当作他们中的一个，并开始给他勾画未来。

养育男孩儿的预科学校

如果养育男孩儿会改变你的脑功能，并改变你对男孩儿的态度，那么，其他各种与男孩儿有关的生活经历也会起到这种塑造作用。男人自己就是最好的证据。他们能轻而易举地应付男孩儿的一些日常举动，可是妈妈们会被这些举动弄得几乎疯掉。摔跤？用棍子和手指当枪来射击？拿身体的某个部分来讲冷笑话？男人们不觉得这有什么问题，或者他们认为这些对于男孩儿来说是再正常不过的事情了，所以对此有较高的容忍度。从小跟兄弟们或者像兄弟一样的男性伙伴儿们一起长大的女性，对男孩儿特有的好动和粗鲁的表达方式也会比较容忍。

有一次，我在危地马拉城国际学校专门以男孩儿为主题办了一个工作坊。在这个工作坊中，一位老师问我："为什么男孩儿老是打架呢？"

"你说的是哪种男孩儿？哪个年龄阶段的男孩儿？"我问。

"我的儿子们，一个11岁，另一个9岁，"她答道，"他们总是不停地打架。"

"你所说的打架具体指什么？"我继续问。

"嗯，他们老是争来争去——谁在这件事情上是第一名，谁在那件事情上是第一名。"她的话语里面充满恼怒和忧心。

"你认为那是打架吗？"我问，其实从她焦虑的表情里面，我知道她是这样认为的。

“可是，他们总是摔跤……嗯，我也不知道。”她不太确定，因为她知道不停地竞争和摔跤对我来说并不意味着打架。“我家没有男孩子——我只有姐妹，”她说道，“我们不会那样的。”当然不会。虽然姐妹之间也有竞争和打架，但是她们不会像男孩儿一样公开表现出竞争性和求胜的欲望。她们几乎从不摔跤。

从小跟兄弟生活在一起的经历就像是将来养育男孩儿的预科学校。如果你小时候曾跟兄弟们一起生活，那么你可能会记得他们对棒球卡片或者昆虫的痴迷，他们对某些你所讨厌的书和电视节目的喜爱，他们的邋遢，对生活空间的漠不关心（老是霸占你的屋子），以及他们不断地逗你或烦扰你时表现出的无穷无尽的能量。一位女性告诉我说，她弟弟曾用塑料气枪子弹射她的腿，非常疼（他现在是一个公益基金的总裁，从事慈善工作）。无论你从兄弟那里曾遭受过什么样的烦扰，这些都使你准备好了做一名男孩儿的母亲。

或者，就像另一位母亲所分享的，从小跟附近的男孩子们一起长大也会很有帮助，她觉得玩男孩子的游戏——打仗、爬树、扮演牛仔和印第安人、玩垒球——会使你觉得，“我喜欢这些……喜欢男孩儿的特质，并愿意鼓励自己的儿子也要富有想象力和幽默风趣。”

从小与男孩子一起长大不仅能使你了解他们粗野的行为方式，而且还能让你了解到他们的脆弱和不安。

看到你的兄弟与尿床、做噩梦，或者与孤僻做斗争会有助于将来应对你儿子可能出现的类似问题。“我非常留意我的小弟弟，”一位母亲写道，“在他遇到麻烦时，我会溜进他的房间给他帮忙。我想，所有这些经历，以及我看到的我前夫的经历，使我对男孩儿产生了这种同情。”

如果你有一个与疾病斗争的兄弟，你就会知道他们有多么脆弱。“虽然我们会争吵，”一位母亲这样描述她与兄弟的关系，“但我经常能感觉到，每当有什么事情要发生的时候，他都会伸出手来抓住我。睡觉前，他会敲我们房间的墙壁，我们用自己的摩尔斯密码互道晚安。”

男孩儿经常会害羞，躲避成人的眼睛，不愿意参加充满激烈竞争的运动。**如果你将要养育男孩儿，记住男孩儿也会脆弱和不安，这非常重要。**因为在文化的影响下，男人会把一个英雄式的童年时代装到记忆里面，而记住男人这个脆弱的特点会对他们的养育很有帮助。对哭泣的兄弟的记忆往往会与期待男孩儿坚忍的文化印象相矛盾。对于没有经历过男孩儿生活方式的女性来说，记住与兄弟或其他玩伴在一起生活的经历，将会很有帮助。

即使对于那些儿童时代与男孩儿一起成长因而有丰富经历的女性来说，她们从中获得的经验教训也千差万别，就像下面这些母亲们的回忆所表现出来的：

我有一个弟弟，这使我喜欢男孩儿，并欣赏他们顽皮的、充满活力的行为方式。

当我是个小姑娘的时候，我认识的几个男孩儿喜欢讲黄色笑话……不是卖弄的那种。我高中时关系最好的男孩儿很聪明，也很和善。我希望我儿子将来也是那样。

兄弟？我们的关系很糟糕。他总是生气，有时还挺危险。

我很幸运，我上学时周围的男孩儿都很友好。这个经历给我带来的好处是，它使我知道了不是所有的男人都像我爸爸一样野蛮。我完全清楚我要养育的儿子肯定是不同于我爸爸那个时代的人，　而这也正是我所期待的。

女性们跟男孩儿一起长大，一些人因此而喜欢他们，而另一些人则因此而害怕、讨厌，或者不信任他们。无论你有没有兄弟，除非你上女子学校，否则你对男孩儿的看法会受到早年跟学校里或者邻里的男孩儿们一起生活和学习的经历的强烈影响。

文化期待带给男孩儿的压力

我们对男孩儿的所有希冀和担忧都来源于周围的文化对男孩儿的意象和态度。对男性和女性的社会期待深深地烙印在我们的大脑中。

我们所有人心里都有这样一个关于男孩儿的意象，这个意象告诉我们男孩儿“应该”是什么样的，他们“应该”喜欢什么东西。任何一个9岁大的男孩儿都可以告诉你这个意象是怎样的——强壮、坚忍、爱好运动、不能哭。许多父亲，包括一些母亲，都同意这种观点。即使一些父母希望儿子生活得更加自由而不受刻板印象的束缚，他们也会由于担心儿子长得不够强壮，性格不够坚忍而打退堂鼓。他们害怕儿子长大以后不符合传统文化里的模式。

全世界所有的男性都希望他们的儿子能够在大家认可的方面表现得强壮有力并且有所作为。在美洲，这些方面包括垒球比赛、狩猎和修车，巴西则是足球，在中国和以色列则是好的学业成绩。他们希望自己的儿子能够达到传统文化中男性的标准。由于文化在我们的心里深深地植入了这样的梦想，所以在很大程度上，这些梦想就是我们对儿子的希冀，虽然有时候我们并不喜欢。

我曾有机会观察过很多国家的男孩儿的童年时代，看到不同的文化对男孩儿的要求是非常不一样的。在许多国家里，尊敬父母和老师，服从宗教教规就足以成为令人喜欢的男孩儿了。在美国，传统文化对男孩儿的期待则相对狭隘。由于男孩儿不喜欢被塑造成感性的和享乐的形象，从而导致许多男孩儿痛苦地觉得他们缺少男孩儿的某些基本特征。在这种文化里面，男孩儿过得比较辛苦，因为对坚忍和运动能力的要求无处不在，而且许多关于男性的观念都是杂乱的。在这本书中，我将会讨论如何理解文化期待所带来的压力以及如何应对，特别是碰巧你儿子不符合文化的期待时该怎么办。而且，我们大多数人的儿子可能都不符合。

在美国，养育男孩儿很艰难。有一段时间，媒体中关于男孩儿生活方式的意象反映了诺曼・洛克威尔（Norman Rockwell）的作品中男性温和优雅的样子。我们的媒体最担心的是电影、电视剧、广告中的暴力和坏男孩儿的形象。

今天，不只是电影、情景喜剧、广告在破坏男性的形象，新闻里面总有关于男孩儿的消息，并且用大标题把他们描绘得很糟糕，说他们可能会变得暴力、有攻击性、有自戕行为、无礼、容易冲动，并且有行为问题——这是一个叛逆的、孤独的、迷失的男孩儿世界，一个被电视暴力和黄色流行文化所迷惑和教化坏了的男孩世界。

现在互联网提供了一个媒介，男孩儿们在网上可以通过访问和建立网站、聊天室以及博客的方式来表达自我；男孩儿非常渴望参与复杂的（但仍然是暴力的）联网电脑游戏。对父母来说，这是一个让人迷惑的景象，令人兴奋但也令人不安，在网络上很容易碰到色情图片，并遇到色狼。因此，男孩儿们以一种新的方式表现出充满渴望的、有控制力的，但又脆弱的形象。

为了写这本书，我做了超过700次的访谈和调查。在这些访谈和调查中，几乎所有的父母和老师都提到了对攻击或暴力、色情媒体，或者当下男孩儿生活中男性负面形象的担忧。

男孩儿之间的暴力冲突和对这些主题的不断重复渲染会使你对男孩儿的本性、对自我以及你作为父母对孩子的影响产生怀疑。

如何养育梦想中的男孩儿？

现在，让我们回到未来18年里你将会问的那两个最重要的问题：男孩儿需要什么？我儿子需要我做什么？

在很大程度上，这两个问题的答案在不同的男孩儿身上、不同的时间会有所不同；孩子个体的人格、气质以及自我体验交融在一起，使孩子每天都不一样。但是，其中有一些需要是所有男孩儿共有的，是所有父母都可以从中学习的东西。我想，以下四点可以作为成功养育男孩儿的出发点。这些建议不是详细的操作指南，而更应该是一种关于养育哲学的方法论。它在不同年龄阶段的不同方面，对男孩儿的每一个发展过程，都有参考作用。

首先，你必须接受这样的事实：男孩儿跟女孩儿就是不一样的。其次，你必须爱那个长大以后的男孩儿，也就是男人。再次，在认可了孩子的性别之后，你需要退一步，去欣赏这个生命的独特之处，因为个性远比性别重要。最后，你必须放弃任何想让你的男孩儿“成气候”的不切实际的幻想，让他自然发展是最重要的。虽然在你儿子的生命中你扮演着重要的养育角色，可是你不是你儿子人生发展的主宰，自然发展本身才是关键。

这些观点可能不言自明，也可能会让父母们感到难以接受。许多父母，特别是大多数的母亲，曾对我说，养育男孩儿的经历使她们与自己内心最深处关于性别差异的信念产生了冲突，对她们原有的，但是并没有意识到的对男人的某些偏见提出了挑战。父亲的情况虽然有所区别，但是基本情形是一样的。父母们和老师们对我说，他们很难区分什么是性别印象，什么是个性，而最重要的是，通常很难接受“发展本身就是发展的主宰”这种观点。

下面我们依次讨论这些问题。

首先，接受男孩儿就是不同于女孩儿这个事实。

过去20年的科学研究证实，男孩儿和女孩儿的大脑在许多方面以不同的方式 工作。作为父母，你将养育一个有着男孩儿脑的男孩儿。如果你是一位母亲，这个男孩儿的脑将以跟你不同的方式进行工作。如果你是一位父亲，你儿子的脑会以你小时候经历过的方式让你感到挫折。无论以哪一个坚定的目标作为努力的方向和哪一种世界上最强烈的动机为驱使，你都不可能将一个男孩儿的脑变成别的什么东西。

这就是说，即使男孩儿和女孩儿的脑以非常不同的方式进行工作，孩子就是孩子。当养育孩子的时候，在很大程度上，他们需要相同的东西：爱、安全、照顾、挑战、理解和支持。虽然脑可能是不同的，但他们都是小孩子。所以如果你将要养育男孩儿，你就必须记住你是在应对一个男孩儿脑、男孩儿的荷尔蒙，和与女孩儿不一样的发展方式。但是，请不要因为男孩儿脑的观点而使你忘记了小孩子真正需要的东西是什么。

在下一章，我们将更加详细地讨论性别差异的问题。现在，你就简单地接受这个观点：你所养育的男孩儿有着一个男孩儿的脑，接受这个现实，准备好去发现其中更多的内涵。同时，不要丢掉最重要的东西：作为一个孩子，他需要的是什么。

其次，你必须爱那个长大后的男孩儿——男人。

如果你将要养育一个男孩儿，你不能只爱小时候的他。你必须也爱那个长大后的他——男人。我不是说你必须爱儿子的父亲或者让孩子的父亲陪着。如果是这样当然好，但是，世界上有很多单亲妈妈单独抚养孩子，并没有丈夫的帮助。实际上，在美国，有35%的男孩儿不是跟他们的生父一起生活的。虽然没有男人的帮助，许多妈妈却都能很好地完成养育儿子的任务。我想要说的是：如果你想要成功地养育男孩儿，你必须想象儿子长大后的那个他。有时候，这比较难，因为这种愿望并不一定会实现。

一位母亲曾告诉我说，当她第一次抱着儿子的时候，她低头看着孩子，觉得“他真是一个完美的微型男人”。她觉得孩子长得非常像丈夫，只是更小一些。而这使她非常高兴，因为她非常爱她的丈夫，欣赏他的人品。这是一个理想的情况，并不是所有的女性都能这样。

男人们同样如此，特别是那些对父亲失望或者与父亲不和的人，通常很难为儿子想象出一个令人充满希望的男人作为榜样。

然而，你通常是能够在记忆中找到一个你所喜爱和欣赏的男人的。是你父亲？还是你的祖父或者可能是个兄弟？是你读书时的老师或者教练？或许是文学作品或者电影里面的某个人物？

你欣赏什么样的品质？是他的娱乐精神，还是坚定执着的态度？你有没有一张让你觉得温暖的他的照片？**如果你想要把儿子培养成那样的人，那么就留着这张“理想男人”的照片——无论你喜爱的人是谁——把照片放到你儿子的房间里。**这张照片将会成为你最好的启示，当儿子长大的时候，照片也会成为你们之间最好的话题：“妈妈，你为什么把那张照片挂在那里？”“我希望你长大以后成为他那样的人，他强壮而和善”，或者“他喜欢户外运动，也让我喜欢上了户外运动”。

好男人，甚至是有缺点的男人好的一面的影响是非常深远的。就像早前一位母亲与我们分享的（她小时候父亲就去世了）：

> 我很幸运，因为我还留有很多关于他的记忆。我记得他跟我和妹妹一起玩傻傻的游戏——变好玩的戏法儿，带我们出去玩，向同事炫耀我们……我印象中他很高大，而且有趣、聪明、非常和蔼。我嫁了一个跟他类似的男人。只有写这些东西的时候我才意识到我爸爸对我的影响居然有这么大——虽然他跟我们一起生活的时间并不长。

你希望儿子长大后成为的那个男人已经过着幸福的生活了。你了解他，他是你的家人，或是同学。在记忆里找到他，让他帮你教导儿子的成长。

再次，要把儿子当作天赐的礼物去爱他。

在我们这个竞争激烈的社会里，大多数时间都需要讲究策略，并且要重视成绩或者结果。所以，在养育过程中也需要采用同样的办法。带着培养一个前所未有的最好的男孩儿的愿望，我们可能会着手培养孩子具有传统中最好的男性特质（聪明、强壮、稳健、坚忍），同时通过增加情商，使其减少暴力和过多的攻击性，使他变得完美，这样他在生活中就会取得成功。许多爱操心的父母在谈到养育儿子的问题时都好像是在谈论一个培养巨人的计划：如果你起步足够快，了解了正确的科研成果，做了正确的事情，你就可以收获你希望得到的终端产品——一个完美的男人。我不喜欢派发很多诸如“这样做、那样做”的建议，原因之一就是当孩子们迷失在这些如洪水般的好意中的时候，这些建议最终将导致令人失望的结果。有这么多的“这样、那样”要使你的儿子成为“应该成为的样子”，他哪里还有机会告诉你他其实是一个怎样的人呢？

你作为母亲或者父亲的工作不是去发明或者创造一个更好的男孩儿，事实是，他将来要自己发展成一个成熟的男人。如果你非要那样做，你会失败的，你儿子也会反抗，因为他不想成为你的作品。

无论你梦想中的男孩儿是什么样的，你儿子已经开始成为他自己了。如果你怀孕顺利，并且感受到儿子的存在，那么，你已经把他看作是好动的孩子或者是个闷瓜了。这很好，但是要适时调整你的看法。你的任务是全心全意地欢迎儿子来到这个世界，等着看他是什么气质、什么个性，会拥有什么天赋。在以后的每个年龄阶段，你可能很难发现这些，现在你最应该做的事情就是支持这些特质的出现。

最后，相信孩子会自然发展。

教科书中对儿童发展的定义是“随着年龄的增长，儿童所经历的生理、认知、心理和社会方面的变化”。儿童发展实际上是一个交叉学科，目的是描述和解释儿童在不同年龄阶段所出现的各种现象。它是这本书以及所有养育方面书籍的理论基础。虽然随着学科的发展，出现了很多著名的儿童发展理论，但是这门学科不可能为所有儿童发展过程中遇到的基本问题都提供答案。

例如，虽然你觉得难以置信，但是我们确实不清楚为什么男孩儿和女孩儿不一样，以及他们到底哪里不一样，或者父母对孩子的影响是否是最重要的。研究人员仍然在就这些基本问题相互争论着。对于某些最基本的——包括一些让人困惑的——关于男孩儿生活的问题，并没有确切的科学答案。为什么让小男孩儿安静地坐着这么困难，而小女孩儿却可以做到呢？这是由于男性荷尔蒙导致的生物方面的驱动力不同吗？是脑中血清素含量不同导致的吗？是由于看电视太多了，还是与男孩儿所玩的游戏有关？我们有理论，但是没有答案，所以，我们必须相信其中有自然的规律，我们必须相信发展过程本身。

实际上，相信男孩儿的发展过程本身是本书的基调，是贯穿始终的线索。既然我和儿童发展的研究人员都无法确切地告诉你儿童发展到底是因为什么，我为什么还要你相信发展呢？这是因为我作为心理学家花了很长的时间去观察儿童发展的过程，听过无数儿童描述他们成长过程中的故事。即使我们并不完全理解这些过程，但是这些过程是可靠的。而且，这个过程充满了奇迹，是生理、文化、家庭、完全独特的个人经验的复杂混合体。这个个体看起来与其他人没什么区别，可是实际上完全不同。从一个心理学家的角度来说，真正让人感兴趣的是每个孩子——每个男孩儿——都有属于自己发展过程的与众不同的故事，本书描述了他如何经历自己的性别觉醒，与父母关系的演变，他所看过的电视节目对他的影响，荷尔蒙带给他的体验，他所上过的课程，以及他所经历的烦恼和快乐。

谁能准确地告诉我们你儿子的体验？只有你儿子自己才可以。由于我无法亲自与他交谈，而他自己又太小或者还不会说话，所以他通常也无法清晰地给你解释。我相信在下面的章节中，我会向你介绍一些男孩儿的经历，这些经历将会帮助你了解你儿子的体验，并使这些体验更容易被理解。一旦你理解了为什么男孩儿会经历这些事情，我希望你对男孩儿的理解能够更加深入，并信任他们自己的发展过程。

作为父母，通常很难做到相信发展过程本身。你会揠苗助长，因为发展还没开始呢。你还会粗暴阻止，因为你还没有准备好呢。你将会听说很多用特殊的益智玩具和益智活动来促进发展的事情——比如珠算、奥数、外语等。所有这些会让你产生一种印象：你是孩子发展的主宰，你可以驾驭他。事实绝非如此。**你儿子的发展取决于他自己，包括他如何生活，如何结婚，如何选择。现在，如果你为儿子的到来准备好了温暖的家、可爱的家人，还有你自己，那么，你最好记住这些道理。**

想象你自己：如何做男孩儿的父母

对大多数要当父母的人来说，想象是一个需要全神贯注的事情，并将随着儿子的成长伴随你的一生。在儿子成长的每一个年龄阶段和每一个重大转折期，关于儿子未来发展的问题都会让你对家庭、历史以及文化的方方面面进行梳理。什么迹象能够预示他将来的幸福、快乐和成功？他会成为一个好丈夫和好父亲吗？他会有知心朋友吗？他会跟妈妈感情亲密吗？还有，作为母亲或者父亲，你如何竭尽所能地养育一个最健康、最幸福、最强壮（我是说品格方面的强壮）的儿子呢？

安东尼·德·圣·埃克苏佩里（Antoine de Saint-Exupéry）——一位法国诗人——这样写道："生命要慢慢开花。"在未来的日子里，你的儿子也将慢慢开花，而你将会亲历这一奇迹。

如果你怀孕了，你能够好好照顾自己，摄取适当的营养，远离酒精和毒品，那么你已经是一个不错的父母了，你为儿子健康的发展提供了良好的条件。一旦儿子出生了，那么他某些方面的发展和自我意识的形成就会受到各种社会因素的影响，包括与朋友的关系、所看的电视节目、玩的视频游戏等。**当他还很小的时候，你完全有能力控制这些影响；可是以后你就只能望洋兴叹了。**他可能想穿他的蓝色低腰牛仔裤，裤腰低得能看到小内裤，或者若干年后的任何其他流行样式，因为他的朋友们就是这样穿的。当他还小的时候，你可以关掉电源不让他看电视，可是将来的某个时候，他可以到别人家去看。在以后的许多年里，你可能会被红牌罚下而无法参与到他的生活中。

某些他想要做的事情可能有家庭的原因，比如你的父母，你的公婆/岳父母，当然还有你家那口子。在这个方面，你可能有较多的发言权，但是你不能总是让家里人按照你说的去做，你能吗？你儿子的许多早期经验来自学校。他将会喜欢上某些老师，同时讨厌另外一些老师，过多地注意同学，而不是学习。而这些事情你都看不到，因为你不可能陪着他去上学。

最后，当所有这些生理的、教育的和社会的影响都发挥作用以后，你儿子将成为一个独特的人，而你也将会与儿子建立一种私密的、亲切的、一对一的关系。如果你是一位母亲，我可以向你保证，你跟儿子的关系将是儿子生命中除父子关系以外最重要的关系。如果你是一位父亲，那么你跟儿子的关系将是儿子生命中除母子关系以外最重要的关系。嗯，你当然明白，除了孩子自己长大以后会知道外，没有人能够定义哪一个关系是儿子生命中最重要的。但是，母亲和父亲通常都是排在前面的。

在儿子的生命中，错失爱的机会，对你来说将是非常遗憾的事情。没有能够全心全意地爱他，并让他在你的关爱中成长，将是一个悲剧。看着孩子长大并享受幸福的人生应该是每一个父母内心中最大的渴望。

如果你将要成为一个男孩儿的父母，你就需要做好亲历这一迷人旅程的准备，就好像你是一个小孩儿，正爬上巨龙的背。他——当然，我是把这个男孩比作了一条巨龙——将带着你游历你从未想象过的地方。他将带你忽上忽下地飞翔，你可能会有点害怕。当他和朋友们一起站在舞台上面对全中学的人歌唱他们自己写的歌曲的时候，当他在迪士尼乐园坐过山车吓得半死的时候（你本来认为他应该觉得好玩的），当他组建了一支足球队，或者在儿童比赛中以优势胜出的时候，你可能会与儿子同喜同悲——体验到那些你自己从未体验过的东西。

如果你是巨龙背上的女性，那么你将像俯冲到地面一样，通过一个男孩儿的眼睛从一个全新的视角去看待事物。**对一位母亲来说，养育儿子是跨越性别界限最好的方式。**当你的小男孩儿必须抓着阴茎撒尿的时候，当你8岁的儿子愤怒地藏起伤口不让你看到他的眼泪时，当你13岁的儿子开始不听你话的时候，当你快成年的儿子在健身馆里练习举重，并摆出pose展示他强壮的体格的时候，你就会体验到。对儿子的爱将使你与男孩儿和男人产生从未有过的感情共鸣。当你教他关于女人的事情，比如女人如何思考和体验的时候，你就会学到很多关于男孩儿生命世界里的东西。

如果你是一位父亲，你将会从一个完全不同的视角去重新发现自己儿童时代的所有事情，这将使你迷失方向。你对所有男孩儿的喜好的假定（因为这些是你所喜爱的）将会被颠覆，因为他跟你不完全一样；他可能热衷于别的事情。在其他情况下，你可能完全知道他的感受，而你自己童年时代可怕的痛苦记忆也如潮水般袭来。如果你是位足够开明的父亲——就是说，你足够谦和——那么，有时候，你会尊重儿子，怀疑自己。而你儿子有时候会让你觉得你自己是个小男孩儿。他会让你重新思考关于“你是谁”这样的问题，以及所有你曾做过的事情。

本章我们的焦点问题是想象：所有期待男孩儿和与男孩儿一起生活的方式，并开始理解这个男孩儿将来可能的发展道路。当然这也包括想象你自己如何做一个父母，以及你自己作为父母——特别是作为男孩儿的父母——的发展道路。所以，在未来的日子里，当你见证了儿子的成长，以及一些不可避免的内心挣扎的时候，你同时也能欣赏到你自己的成长历程，即从想象中的父母变成你实际上希望变成的父母。

第二章

爱之初体验：你的小宝贝

从出生到18个月

It's a boy

尽管当我得知我怀了一个男孩儿的时候我曾有所迟疑，但是现在，我已经完全被他（儿子）征服了。能有个男孩儿真是天底下最幸福的事情。现在，我一点儿都不记得我当时曾迟疑些什么了。在这个世界上，绝对没有什么感情能够比我和他之间的感情更深厚的了。

——一个17个月男孩儿的妈妈

每位父母都有一个创造生命的故事，而每一个故事都是无比神圣的。你儿子的故事就是他降临这个世界，成为你家庭一员的过程。这个故事也同时属于你：伴随着他的降临，你也成了父母。在故事发生的一瞬，你原来关于孩子的美妙想象一下子蜕变为你臂弯中抱着的那个活生生的小生命。

当你把孩子抱在怀里的时候，这个时刻可能很安静、很祥和，甚至有点神圣。但是，这不是一个静态的时刻，因为你一直在观察他的脸，并在思考：我怀里的到底是谁？他将来会长成什么样？他长大后会怎么样？你不放过每一个线索去研究孩子的特点，然后转过头来对其他人说："看，多帅呀！看看他的头发！真是一头漂亮的头发！或者，我觉得他看起来像你们家的人，你不觉得吗？你可以从他的眼睛里看出来！"

无论孩子到来之前我们曾有过什么设想，现在统统无效了。孩子现在是这个世界的中心；在那个可以预见的未来，他也将始终是世界的中心。

> 你从婴儿那里得到的爱绝对是无与伦比的。在他看着你的那一刻，他的脸上闪烁着快乐的光芒。
>
> ——一个 4 岁男孩儿的妈妈

无论你创造生命的故事从何处开始，将在哪里结束，其间经历过什么复杂的或者搞笑的时刻，当与我们的小生命面对面的时候，我们大多数人最终都会经历这样一个惊心动魄的时刻。

“这就像一个梦，”格温回忆她第一次看到孩子的时候说，“我内心充满了温情。我觉得我跟他是如此熟悉。”

一位父亲这样描述那个时刻：“我很骄傲，我立即感受到一种自信。”

当孩子对我们产生心理依恋的时候，所有充满爱心的母亲们都会有这样美妙的感觉，无论她们是否是母乳喂养；最终，充满爱心的父亲们，以及领养父母、亲生父母们，都会有这种体验。

一位3岁男孩儿的母亲这样描述这种感觉：从她第一个孩子出生开始，“我立即回忆起了一种无法言说的情感联结，爱的体验和快乐。我们都对他喜爱得不行。这一天，这些感觉一下子迸发了出来。”。

在孩子断奶（包括母乳和奶瓶）以后，你们在最初这几个月里所建立的纽带将会继续增强。在你儿子未来的日子里，那种纽带和心理安全感，或依恋，将成为在不同方面滋养和支持他的无穷力量。

英国儿科学家和心理分析师唐纳德·温尼考特（Donald Winnicott）曾做出过惊人的论述：“世界上根本就没有婴儿这种事物。”然后他继续解释道：“我们必须把婴儿和母亲当作是一个联合体来看待。”当然，他所指的是最无助的人类婴儿。在所有哺乳动物中，人类的婴儿在出生时是最无助的。如果没有人喂养和整天照看他们，他们就会死掉。在现代社会里，他们就无法生存。他们至少在6岁以前仍然依赖别人——如果没有父母或者类似父母的人，他们就无法生存。他们在18岁以前仍然在一定程度上依赖于成人。每位母亲（或者主要监护人）都知道这一点：她肩负着让某人活下去的庄严责任。

然而，如果说在哺乳动物界母亲的原始责任是提供母乳和保护幼崽的安全，那么在人类身上，这种责任已经进化成了一种更加复杂的东西。母亲与她的婴儿开始了一段长达数年的亲密关系，基于早期这些亲密的、强烈的感情联系，婴儿形成了成熟的人格特点。她响应他的需求、哭声和微笑的方式，将会对他将来变成一个什么样的成人产生深远的影响。我这是要描述一个最重要的事实：人类的人格是在漫长的依恋关系的基础上逐渐塑造起来的。

> 在他的身上，总有无数吸引你的地方——比如，我喜欢看着他的头发一点一点地长长。还有很多诸如此类的，很傻很傻，却带来无尽满足的事情。
>
> ——一个 4 个月大的男孩儿的妈妈

不过，最近关于人类依恋的研究表明，早期的亲子关系实际上对孩子的脑产生了影响，而养育经验同样也改变了母亲和父亲的脑。这项结果来自于受虐儿童的研究。研究显示，受虐经历可能使儿童的脑发生了持续终生的创伤性改变。关于老鼠和哺乳动物的研究则揭示，养育孩子的母亲和父亲的脑结构受到养育经验的影响而发生了改变。

这种给予母爱的行为不是一种单向的活动，而是一种相互的行为。吸引住监护人——这个人通常是他的母亲——对婴儿的生存至关重要。他必须能够叫住她并让她知道他需要什么；他还必须能够取悦她，对她微笑，为她所做的大量惊人的工作而对她进行奖赏。因为他不会说话，在很多年里也不能准确地表达自己的需要，她将不得不把注意的焦点放到倾听他心里的声音上面。

简单地说，她必须接收到他的信息。当然，她必须提供食物、舒适的环境和生理的安全以保证他的生存。但是除此以外，她还必须创造一个心理上安全和可靠的环境。所有的母亲凭直觉就能知道，母性将使她们做到只要孩子需要，就会随时随地出现。

当然，所有父母的基本工作都是照顾婴儿。婴儿完全依赖我们，只有我们喂养他们，使他们保持清洁、安全、温暖，他们才能够生存。但是你不需要一个心理学家来告诉你如何喂养你的孩子，给他剪指甲，或者给他换尿片。我所要讨论的是这种不断增强的亲子关系，这种从他在子宫的时候就已经开始，但是在他出生那一刻开始变得异常强烈，在出生后的几个月里成为他早期心理发展的里程碑的关系：父母与孩子之间的爱。

爱上你的儿子

我曾经访谈过一位有7个月身孕的妇女。她是一个比较拘谨的人。她坦白地说，她是个完美主义者，非常关注生育方面的细节。在我们的谈话快结束的时候，我们并没有预约下次会面的时间。我也以为我不会再听到关于她的消息了。可是，此次会面后两个月，她给我发了一封电子邮件，附了一张照片，照片下面只有一句话。她写道：“我恋爱了。”当然啦，这张照片里是她刚刚出生的儿子。

在你儿子出生后的一年半时间里，你最重要的“工作”就是——我不太愿意用“工作”这个词儿来描述这个事情——与他坠入爱河。你们俩将需要花无数个小时在一起相互了

> 他好像很愿意了解新鲜事物，而且很容易学会。他就像个海绵。而且，学会的东西他从不遗忘！
> ——一个1岁男孩儿的妈妈

解、相互认识。你们将变得尽可能地和谐。所有这些过程都会很自然地发生在母亲的身上；你不必做计划，也不需要太多的建议来帮助你实现这些过程。你和你的小男孩儿早已经从生物学意义上注定了要建立这样密切的关系。你需要做的事情仅仅是腾出地方来——在你的生命中，在你的每一天，在你的内心深处——让这种爱生根发芽。

在你儿子出生以前，无论你如何消磨时间，无论是在床上休息还是在赶工作，你都是跟他在一起的。这也许可以解释当他开始适应产后新的生活空间的时候，为什么仍然希望与你待在一起了。但是他的世界突然间开阔了起来，而且他也准备好了扩展自己的内心世界来接纳一个可爱的老爸，一个熟悉的存在——如果这个老爸愿意爱抚儿子、跟儿子聊天的话。研究（包括简单地观察那些细心的、喜欢亲自动手的父亲如何照顾孩子）表明，8个星期的时候，婴儿能够区分母亲和父亲，并对他们做出不同的响应。大量的证据还表明，父子之间的纽带非常重要，并对父子双方都将产生深远的影响——对母亲来说也是如此。

关于婴儿需要多久才能与父母建立依恋关系的问题，并没有一个确切的时间表。与小鹅不同，人类的婴儿不会对出生时见到的第一个人产生印刻效应①；相反，他们会随着时间的推移而逐步建立起依恋，通过不断地怀抱、安抚、换尿片以及喂养而建立起来。这就是为什么领养的孩子，即使是在他们已

---

① 印刻效应：1910年，德国行为学家海因罗特在实验中发现一个十分有趣的现象。刚刚破壳而出的小鹅，会本能地跟随在它第一眼见到的“母亲”后面。如果它第一眼见到的不是自己的母亲，而是其他活动物体，如一只狗、一只猫，它也会自动跟随其后，且不再跟随其他物体了，这种反应是不可逆的。这种现象被称为“印刻效应”，不仅存在于低等动物中，同样存在于人类中。——编者注

经几个月大的时候才被领养，仍然能够与他们的养父母建立很强的依恋关系的原因。

所以，如果你和你的儿子在他生命的第一年里坠入爱河，亲密相依，同时，如果他同样也跟父亲建立了深深的依恋关系，那么你就已经为他开始建立安全型人格打下了良好的基础，这种人格将伴随他的一生。从发展心理学的角度来说就是，他在这个阶段的发展任务顺利完成了。

发展的八条线索

未来的发展

就像你很自然地开始了与儿子的爱恋关系和安全依恋一样——这些对你儿子早期的心理发展非常重要——他其他方面的发育也会令你着迷，让你沉醉。在这里以及下面的几章，我们将详细讨论与年龄有关的关键性的发育问题，然后讨论发育的基本条件，这些条件阐明了你将在儿子身上看到的更加普遍性的成长模式。通常，我们认为存在八条发展的线索，沿着这八条线索，所有的儿童都按照自己的步骤走向成熟和成年：

①身体发展；②依恋的发展；③社会性的发展；④认知发展；⑤学业发展；⑥情绪的自我调控；⑦道德和信仰的发展；⑧自我认同的发展。

虽然这种划分方式有助于成年人了解发育的进程，但是请记住，你的儿子，不管他多大，并不是这样分开发展的。他的发育是八个方面同时进行的。

身体发展

婴儿期是人类一生中生长发育最快的一段时期。当你回过头来观察一下幼小的婴儿无助的状态，同时看到他是如何快速生长的时候，你就会发现这简直是个奇迹。在生命的最初几个月里，每一天都会有进步，这些进步不只是给你，也给你的儿子带来了快乐和惊奇。他身体方面的运动能力是本能就有的，这让他能够找到乳头吮吸，并看着你，他的触觉是最重要的。当他试图控制身体的时候，他会笨拙地摆动手和脚。

但是很快，当他能翻身趴着的时候，他就想抬头，然后就会挣扎着坐起来。到4个月的时候，他的身体协调能力和控制手脚的能力就已经比几个星期以前强了很多，这个时候就开始好玩了。到7个月的时候，他能坐着了，并能摆弄玩具；他能坐起来后不久就开始笨拙地移动，然后他就能快速地爬行了。这时候，麻烦就来了。他用手指着某个东西，然后只要够得着，就会伸手去抓。这使你可以跟他玩很多游戏，从此开始，你们之间就有了越来越多的乐趣。

到了 9个月，他开始站立，他需要你在旁边，伸出手来帮助他保持平衡。他并不是每一刻都需要你。他想让你放手，并相信当他摔倒并哭泣的时候，他会没事。当他开始对环境进行探索的时候，他就开始冒险了。他想不停地活动，而要想取得进步，他就必须在自由探索和保护控制之间进行平衡。他对你的要求也是一样的：你需要在关切的保护和大胆地放手，为他感到揪心和对他取得的进步感到高兴之间进行平衡。

在大约9个月的时候，他还会坚持自己吃东西。因此，吃饭时间对他来说是一场感觉的盛宴——颜色、质地、味道——而且，如果你不怕他弄撒东西，就看看他会干什么吧。他会观察你的表情，看你对他狂野行为的反应。此时是非常宝贵的面对面交流的机会。

在大约12个月的时候，他能蹒跚学步了。他突然（并永远）变得动作敏捷了，能够令人惊奇地快速移动了。和会走路一样突然，他现在突然间能做很多事情了，包括推、拉、把东西倒出来。他能摘下自己的帽子、翻书、冲马桶。令人惊喜的还有，他能一边走一边在每只手里拿个东西。但是，他还不能很好地把勺子放到他的嘴里。

从心理学的角度来看，孩子身体方面的发育最重要的成就是给他带来的快乐。他不需要你去教他这些事情；他只需要你在他取得一个又一个惊人的成就之后，鼓掌祝贺。他还需要你在保证他不会受伤的同时，不要为他的冒险行为而过度担心。

依恋

作为发展的八条线索之一，在下面几章，我们将继续探讨依恋的形成问题。但是，因为在本章我们已经讨论了很多关于依恋的问题（见“依恋就是一切”一节），所以，在这里我就简单地说，依恋不只是随着年龄而不断发展的关键内容之一，而且还是主角，是你儿子早期心理发展的必然核心。

社会性发展

在你儿子说出他的第一批词汇以前，他的笑容将是他建立社会联系的通行证。当然，首先是与你的联系。在最初的两个月，他所有的注意力都集中在你身上，但是他并不一定始终注视着你。我们知道，婴儿很早就能够认出他们的母亲，但是他们需要稍长的时间才能将你的脸与别人的脸区分开。虽然一个月大的孩子会在梦里或者吃完奶后露出微笑，但是真正具有重要意义的社会性微笑却出现在3个月的时候。当然，它并不总是确切地在3个月的时候出现。不过，在所有婴儿的成长记录中，对人露出微笑都会出现在3个月前后的几个星期里。现在，他会对着你和父亲的脸微笑，这微笑足以让整个房间充满阳光，这种社会性微笑是对你所做的所有事情的最大奖赏。到6个月的时候，他就能够在任何情况下把你的脸与别人的脸区分开了。

婴儿的微笑是一种世界通用的语言。这种微笑反映了一种普遍性的交流行为和社会性的发展。当发现了社会性微笑的威力之后，你儿子就会让其常伴左右。到了 7个月的时候，如果需要，他就会对所有的人微笑，即便是面对皱着的眉头和怀疑的眼神。

你和他都会一直留意观察对方的脸，但是他同时还会留意其他人的脸。无论是在与陌生人交流还是对他们感到担心，在这个年龄的婴儿都会隔着父母的肩膀敏锐地注视陌生人。传统上，一般会报告说，9个月的婴儿会对陌生人产生焦虑，但是因为现在的婴儿经常生活在有托儿所的情境下，所以他们已经习惯了成年人，他们大都不会表现出对陌生人的焦虑（在大部分情况下，对陌生人焦虑所表达的都不是害怕，而是一种正常的依恋）。到了1岁的时候，他成了一个自信的、友好的家伙了，能挥着手拜拜了。

按照自然的发展顺序，由叽叽咕咕的声音组成的孩子早期的表达性口头词语会不断扩展，直到他的第一个词语蹦出来为止。快到两岁的时候，他的词汇量已经包括了4～6个你能听懂的词了。他能识别书中的物体，而且他还能用积木块建造高塔。他很快就能说出“嗨”和“拜拜”了，也能够按照严格的单向指令去执行动作，比如“停！”。到了18个月，他的词汇量就比较大了，可能在8～20个。这些词语以及词语的使用，都完全是社会性的（“妈妈”“爸爸”“我想要”）。

当他的话被别人理解的时候，他会很高兴，尽管还会有别人听不懂而使他受挫的时候。此后，他会自言自语，或者跟他的玩具“说话”，就好像是在练习用口头语言思考。但是在这个阶段，言语是一种社会性的活动。

至于社会化，如果你的儿子生活在托儿所，他一旦会爬，就会找到朋友。不过，他们还不能一起做点什么。他们只是相互喜欢，而且大多数的时候都在相互微笑；有时候，他们会很自然地分享玩具，但是大多数时候，他们会从对方手里抢过玩具，引起“朋友”的大哭。持续性的分享在稍后一些时候才会出现，或者，大一些的孩子会先出现，而小一些的孩子则会晚一点出现。

有一些男孩儿可能不会这么早就准备好接受友谊；你儿子的眼睛可能老是盯着成人，这是因为他已经将对你和爸爸的依恋转移到了托儿所的阿姨身上了。

认知发展

无论你是否注意到，即便是从餐盘里掉出来一粒豆瓣，你儿子也会对其集中注意。他将带着好奇和沉思，开始解决他的世界里的各种疑惑了。他正在掌握概念。认知发展就是指大脑解决问题的能力不断提高。这是所有婴儿的一种天生能力，与教育不同，它是生物学意义上决定了的，而且有它自己的时间表。父母能够做的事情仅仅是支持并让其丰富起来；你不能在它还没出现的时候让其出现，你也没有必要这样做。你儿子将会发现所有解决问题的机会，包括在房间里、公园里，与你一起购物，这些都是他将来可能需要的。

你可以把你的小男孩儿看成一个努力工作的实验科学家。对于一个新生儿来说，用双手去探索和用嘴去探索是一样的，他的兴趣就是探索世界。而且由于所有的事物对他来说都是新的，所以他做的所有事情都会扩展他关于这个事物的基本原理的知识。把东西捡起来，放进嘴里，目不转睛地注视它们，试图拆开它们，把它们扔出去——所有这些都是认知发展的成绩，同时也包括了身体方面的发展，而且这些探索使他们对世界的掌控能力日益增强。

需要注意的事情是，一旦你的儿子遇到某个问题，他就会对它进行深入研究，直到搞清楚为止。人生第一年中两个最重要的认知发展成绩就是在镜子中发现自我和形成客体永恒性——就是说，发现即使客体不在眼前，它仍然存在的道理。虽然他们能从镜子里面看到自己的影像，但是4个月大的婴儿认不出他们自己。你也会注意到，在早期的几个月里，当乒乓球滚出你儿子的视野，他是不会注意到的。对于他来说，球看不见了，就不去想了。

所有这些变化都发生在孩子6～8个月的时候。你儿子可能会一下子看到镜中的自己，然后被自己迷住。当他懂得了客体永恒性的道理后，躲猫猫就成为他最爱的游戏项目了。在这个游戏中，练习会让他学会忍耐；玩得越多，他就能等待得越久，并期待客体重新出现。现在你就会发现，当乒乓球从他视野里消失的时候，他会去找乒乓球了，因为他已经知道某些东西虽然看不见了，但是它仍然存在。当他找到它的时候，他该有多高兴啊！

学业发展

从前，当我们提到要在关于婴儿和学前儿童的章节中讨论学业发展的想法时，我们自己都忍不住会笑。现在，越来越多的脑科学研究成果表明，人们对男孩儿学习困难的担心，市场上攻击性玩具的流行，对超常儿童的宣传，以及家长之间的攀比，所有这些因素聚合在一起，使得男孩儿的学业发展开始成为家长们的话题了。

我的建议是自己决定。不要对你孩子的学业发展感到不安。不要被那些非常美妙的销售广告所迷惑，即使他们说通过给孩子玩那些经过精心设计的“学习型玩具”，能使你的孩子更加聪明；或者为了表达你对孩子的爱，为了发展孩子的智力，你需要积极地促进孩子潜力的发挥，这些都不要相信。他们是瞎说的。实际上，每一刻，你儿子都是清醒的，他都能以他最快的速度和最好的方式学习。他很自然地就能做到，通过发现带来乐趣，他对知识的好奇和创造性会逐渐培养起来。跟木头做的勺子、闪闪发亮的铝制餐盘、五颜六色的塑料碗，或者一捆咔咔响的塑料量杯或量勺一起玩耍，你儿子会很高兴，他的神经细胞也很高兴。省点钱吧，若干年以后你将需要这些钱来给儿子买比萨饼。

如果你真想让孩子取得早期学业发展的成功，最好的投资就是跟孩子建立良好的关系，你不必给孩子做卡片练习，还指望这些能让他在学校里拔尖甚至考进大学。如果你喜欢，可以在孩子上床的时候播放莫扎特的钢琴曲；或者，如果你觉得好玩，可以带孩子参加音乐早教课。如果你做这些是为了促进他的智商，帮助他将来取得优异的学习成绩，对他的发展进行微观管理，或者使他达到什么目标，那还是算了吧。他会了解你的这些用意的，最终这种充满压力的家长野心会让他很为难。孩子能够在游戏中通过与这个世界和他们的父母进行交互从而自己学会很多他们需要学习的东西。

一个例外是手势语。教他手势语不仅对你们来说都很有趣，而且如果你坚持下去的话，这将会使你们在他的词汇量足够大之前就能够进行交流。12～18个月的孩子会由于无法说出他们的需求而严重受挫。但是，此时他们能够学会美国手语词语中的20～30个词语。（更多的内容请参看“婴儿手势语”一节。）

情绪的自我调控

我们用来责备大孩子甚至成人的一种方式就是对他说“别像个孩子似的”。当一个孩子（或者长大的孩子）不能控制他的情感，完全被情感所左右，或者类似突然发怒、喜怒无常的时候，我们就说他像个孩子似的。学会控制自己的情感状态和反应是最重要的一项发展任务， 它是在儿童时代一点一点逐渐发展起来的。

你儿子的面部表情跟他的情绪直接相关，所以你从他的脸上可以很容易地看到他的恐惧、惊奇、悲伤，或者愤怒。世界上每一位母亲都会去观察她孩子的面部表情的，因为这些表情是天生的和共同的。对你的孩子来说，唯一先天不具有的能力就是情感调控。你教儿子使自己冷静，教他从清醒进入睡眠，教他不要被愤怒冲昏头脑。你可以通过安慰他、抱着他、喂他、给他唱歌，让他相信这个世界比他此刻所感受到的要更加安全可靠，要以这样的方式来教他。

你儿子睡觉的方式，和他清醒时安抚自己的能力是了解他最早所具有的情绪自我调控能力的一个窗口。在最初的2个月里，随着你儿子越来越清醒，他睡得越来越深，醒得也越来越干脆。他对安抚的反应很积极，对疼痛的反应非常消极。他在愉快和悲伤之间往复。令父母气馁的是，6个星期后，也就是大约3个月大的时候，孩子哭得更多了，他们此时正在度过一个所谓的“失衡期”。你会觉得你们在倒退！爸爸们可能会更觉得受挫，因为通常在这个时候他们开始承担更多的看护婴儿的责任，所以他们可能会由于孩子的苦恼而受到责备或者觉得自己没有做好而自责。

然后，4～6个月，这个过渡将会变得缓和，你儿子将会变得更加放松和容易安抚。他将喜欢被抱着，并变得特别黏妈妈和爸爸。这个时期会持续到第9到第10个月。这个经典的依恋阶段意味着，如果此时把他与父母分开，他会表现出极度悲伤。而6个月的时候，他是不会这样的。12～18个月，他将对威胁到他与父母关系的事情保持高度警觉，并奋力地反抗，比如当他妈妈抱着另一个孩子的时候，他就会这样。

但是随着他逐渐长大，他的自我意识会增强，并将能够控制自己的情感以便得到他所需要的反应，因为他正在学习信任你的反应。如果他看到他妈妈试图对他的悲伤做出响应，他就会停止哭泣。如果他发现父亲反对，他就会缓和自己的愤怒。他将会跳舞和炫耀，并在观众的欢呼中沾沾自喜，这些都说明他已经具有了一定水平的自控能力。

道德和精神信仰的发展

在你成为一个有爱心和同情心的人之前，你需要别人给你演示爱和同情。我觉得婴儿时期就是需要我们给孩子播撒爱，从而使他们能够从这些爱中培养起利他主义和精神信仰的时候。《品格教育》（*Educating for Character*）一书的作者托马斯·里克纳（Thomas Lickona）曾说过，一个孩子的道德生活由三个部分组成：心灵习惯、心理习惯和操作习惯。他认为，心灵习惯来自于爱和道义。当我们看护婴儿的时候，当我们竭尽所能保护他们不受伤害的时候，当孩子摔倒并磕碰到下巴而我们说“哦，可怜的孩子”的时候，我们都在向他展示同情。这种经验不断地重复，不会把他变成一个富有同情心的2岁孩子——这超出了他的发展范围——但是这可以教给他同情的观念。

保护婴儿是一种固有的道德行为。当一个18个月的男孩儿踢打一个14个月的男孩儿的时候，我们会干预，因为他们之间的体格和体力都有很大差距。那个小一点儿的孩子可能不会理解我们通过干预做了什么。实际上，他可能认为这是理所当然的。但是，当他看到成人使这个世界变成了一个对他来说更安全的地方的时候，他就开始形成心灵的习惯了。

我们知道，婴儿从9个月开始体验到对其他人的同情。如果一个男孩儿狠劲儿地拉扯妈妈的耳坠，妈妈疼得喊道“啊！”并表现出痛苦，他会做出迷惑的表情，他会关注地看着，然后他可能会哭，特别是如果妈妈也在哭的时候，他甚至可能会笑，但是请不要因此认为孩子麻木不仁；如果他感到困惑或者被你的痛苦吓到了，笑是一种释放。

有的母亲发现，她17个月的儿子总是能理解她的表情。她说道：“在他这个年龄，我对他的慷慨大度非常惊奇。他会把各种东西都给我和其他人——糖果、事物、玩具。而且，如果我们中某个人闷闷不乐，他会努力安慰。”

这是父母与儿童之间完美的情感同步：通过他的爱——或者，如果你喜欢，可以说是他敏感的神经细胞——他正在学习如何体验他人的痛苦。这就是道德生活的开始。

依恋在儿童健康发展中的重要作用

数千年以来，妈妈们凭着本能已经知道了亲子关系的重要性，但是科学和医学在过去几十年里才刚刚开始认识到它在儿童健康发展中的重要作用。20世纪50年代的育儿理论认为，使婴儿保持清洁，并使其得到合理的喂养要比满足婴儿的情感需求重要得多。那时在美国中产阶级家庭中，这种理论被认为是最符合医学规律的观点。父亲也有既定的职责，主要是养活家人，而在实质上其实不是婴儿主要的看护者。所以，在那个时代，将住院的儿童与父母隔离开的做法非常普遍，有时候甚至在几个星期里都禁止父母探访。

不过，即使处于那个年代，在英格兰和美国，都有一种蓬勃发展的思潮。这种思潮主张在婴儿的看护中，需要强调母亲——或者主要的监护人——与婴儿之间的天然联系。一位名字叫做约翰・鲍尔比（John Bowlby）的英国心理分析师是这方面研究的领军人物。他曾研究过看起来“无情”的儿童。其中有一个男孩儿，6岁，叫做德里克。虽然他来自一个“不错”的家庭，却总是偷东西。他的感情出奇的淡漠，无论他的父母做什么，无论是用亲情感化还是惩罚的方式，他都无动于衷。通过研究德里克和其他与德里克类似的男孩儿，鲍尔比发现，这些孩子中的大多数人早期都曾经历过与母亲长时间的分离。德里克在18个月大的时候曾患过白喉，住在医院并被限制探访。这9个月里，他父母一次都没有探访过他。当他回到家里以后，他母亲说，他跟她就像陌生人一样。

对分离会导致破坏性后果的发现，可能还要部分地归功于鲍尔比自己童年期的经历。这些经历促使鲍尔比对人类依恋问题进行了终生探索，并持续进行了55年的科学研究工作来了解亲子关系的问题。如果你的宝宝在出生后立即就被放到你胸前；如果有人鼓励你花几个小时怀抱并照看育婴箱里的早产婴儿；如果有人鼓励你的丈夫留在分娩室里；如果你的宝宝已经被清洗干净并包好后送回给你，并允许你在产后恢复期跟他待在一起——如果任何一种或者全部事情都发生了，那说明现在的执业医师已经认识到早期亲子关系（包括父亲和母亲）的重要性了。研究结果清晰地表明，这种最早期的亲子联结及其后续的依恋现象对人的影响是终生的。

> 他只有17个月大，但是他很善于表达情绪。他已经表现出了某些同情心——当另一个婴儿哭闹的时候，他表现出关切。他还喜欢一边摇着布娃娃一边给它喂吃的。
>
> ——一个幼童的妈妈

你为什么需要了解这个理论呢？你不需要。在过去的数千年里，父母们爱着、喂养着和照看着他们的孩子，他们从未听过什么约翰·鲍尔比或者依恋理论，也从未读过什么养育方面的书籍。

我之所以要告诉你一点儿关于这个理论的东西，有三点原因：第一，它会帮助你更好地理解孩子在1岁以前的需要、依恋和所有令你疲惫不堪的行为。某些关于依恋的知识会使你更容易理解他，在你将要失去耐心的时候，可能会让你再多一点耐心。第二，现在仍然有很多人相信男孩儿需要“长成个爷们”，男孩儿需要“历经磨炼”，我们不能让他们像女孩子那样多愁善感。只要你知道了依恋的本质，你就会明白自然规律必须被遵从。第三，也是最后一点，最近一些研究证据发现，男孩儿可能比女孩儿更容易受到依恋问题的影响，所以你知道这一点，并好好地与你的男孩儿相处很重要，他需要你，特别是在他的人生第一年里。

不要让2岁以下的孩子看电视

如果你认为看电视对你的宝宝没什么影响，甚至有可能对他的发展有益，那么儿科专家和公共卫生方面的专家可能会有不同意见。他们的建议是远离电视。如果你还没有让他看过电视，就不要让他看了。做些别的事情吧，例如游戏、散步、阅读，或者在闲暇时间只是跟他一起待着也行。

华盛顿大学和西雅图儿童医院研究所的一项研究发现，在他们的研究样本中，有相当多的父母在孩子很小的时候就允许他们看很多电视节目、DVD，或者视频录像，以至于3个月大的时候，40%的婴儿变成了电视前的常客。到了2岁大的时候，这个比例蹿升到了 90%。

这个现象与美国儿科研究院的建议背道而驰。研究院很久以来就建议家长不要让2岁以下的孩子看电视。“虽然某些电视节目可能会对这个年龄的发展有促进作用，但是关于早期脑发育的研究表明，婴儿和幼儿特别需要与父母和其他重要的监护人进行直接的交流……这样我们的脑才能健康发育，社会性的、情绪的和认知的技能才能正常发展。因此，不应该让这么小的孩子看电视节目。”研究院在给家长的建议里这样说道。

为了减少对电视的依赖，或者减少你的宝宝看电视的时间，你该怎么做呢？

●如果你在忙的时候，希望有什么东西能让婴儿或幼儿有事可做，那么可以准备一个浅抽屉或者方便的储藏箱，里面放上足够的塑料盘子、木头勺子，或者其他安全的东西，这样你儿子就能自己玩儿而不会打扰你了。

●跟你儿子一起阅读，或者就是一起坐着，跟他说话、唱歌，或者只是跟他玩一些简单的游戏，这些身体上的接触和社会性的交互会让他健康成长。

●如果由于天气原因你们无法外出，那么可以尝试在室内商场里走一走。许多地方都有母婴散步俱乐部或者游乐场，在那里你可以放松，享受与儿子在一起的快乐，还可以跟其他家长聊天交流，这对你和孩子都有好处。

你是儿子的一切

许多第一次做妈妈的人都担心她们不能跟孩子建立亲密关系，而且，男孩儿——与她们自己是如此不同——会给她们带来额外的焦虑。可是，你儿子可能并不那么想。所有的婴儿，包括你儿子，生来就是爱妈妈的。你儿子最重要的生存本能就是揪住你不放、依恋你、哭泣、吮吸、微笑，跟着你。开始的时候是通过眼睛，然后开始转头，再然后是用他的双脚。这些是人类标准的发展程序。一旦一个新生儿明白了“他”不再是“我们”了，你很快就会成为他那个世界的中心。在人生的第一年里，他花大量的时间呼叫你、跟随你，当你没有及时对他做出回应的时候，他还会抗议。他将成为你最忠诚的粉丝。你要做的事情就是顺从他的浓情蜜意，然后你就会爱上他。你几乎不可能不爱上他。为什么呢？因为就像他的本能决定了他会爱上你一样，你的本能也早就准备好了爱上他。

大多数母亲都已经准备好了与她们的宝宝坠入爱河，所以她们的进展会非常迅速。对一些人来说，第一眼看到他，或者是刚刚从分娩的压力中恢复过来后做的第一件事，就是爱上他。

这种关系的建立不一定在所有母子之间都那么顺利。但是，轻微的并发症和短暂的退缩并不能阻止一位健康的妈妈跟她的宝宝建立情感联结，并在头几个星期里就找到适合双方的爱的步调。在这里，先天因素和后天因素共同发挥着作用：新生儿天生就需要喂养和睡眠，而母亲天生就能够提供食物和温暖的怀抱。虽然你的儿子需要食物来生存，而且他可以吃任何奶类来维持生命，可是如果让他自己选择，他更愿意吃你的奶，闻你的味道，听你的声音。在出生后第8天，婴儿已经能够区分出妈妈乳汁的味道——如果让他在两个妇女的乳垫之间进行选择，他会坚持选择自己妈妈的。在另一个实验中，实验室把一个特制的橡皮奶头给新生儿，这个奶头使新生儿能够通过改变吮吸的频率来选择他们爱听的声音。他们会坚持按照某种频率来吮吸从而能够听到人类的语音，而且，与别人的声音相比，他们倾向于听自己妈妈的声音。

无论你是用母乳还是奶粉来喂养宝宝，你都会花大量的时间注视宝宝的脸，而他同时也会盯着你的脸看。这成为他人生中最重要的景观。很快，他就能够读懂你脸上的情绪，而你也能够比其他人更容易读懂他的情绪。他将会识别出你抱他和晃动他的方式，而你凭直觉也将会准确地知道颤动或者晃动他的正确频率。虽然他可能也愿意让别人抱，但是在某些场合，当他哭泣的时候，你可能是唯一能够让他平静下来的人。接着，在某些时候，特别是6个星期左右的时候，甚至你可能也没办法让他平静下来。这个时候，耐心是解决问题的唯一途径。

你们两个所做的事情就是相互了解。你们通过心灵和动作一起翩翩起舞；你们之间建立了最深情的爱恋；你们一起玩耍，相互着迷，相互模仿。你们就像一对有自己固定节目的滑稽组合。为什么会这样呢？

最重要的是与孩子之间交流的质量

在巴厘岛，传统习俗认为，婴儿在出生后的头3个半月里，不能接触土地。所以，他从来不会被单独放到任何东西上。每一分钟，都有人抱着他，白天，他躺在大人的臂弯里，到了晚上，则睡在大人的怀里。在那里，婴儿被看作是上帝，100天以后，他将做好进入这个世界的准备。到那时，会有一个小型的庆祝仪式。在仪式上，先用水把他的双脚清洗一下，然后他就可以平生第一次接触地面了。在我看来，这个传统习俗里面包含了很多民族智慧。巴厘岛人认识到人类婴儿强烈的依赖性，知道他需要依恋妈妈，而且他们把这种早期的亲子关系看作是一个不应受外界干扰的独一无二的体验。

在西欧的一些国家，妈妈通常会有长达1年的产假，爸爸也有6个月的产假。（挪威是世界上最进步、最富有的国家之一。在那里，爸爸和妈妈的产假是强制性的！）在美国，早期良好的亲子关系将会使孩子终身受益，培养出一代健康的、阳光的、坚韧不拔的儿童。 这远比花费大量的金钱去开发各种所谓的课程和产品，给儿童各种奖励， 或者提供良好的特殊矫治课程强太多太多了。

谋生的确是一个实实在在的问题，作为一个心理学家，我没法儿告诉你怎么去平衡你的时间。我所能够提供的建议就是，尽可能多地花时间陪陪你的孩子。无论你现在正在工作岗位上，还是正在做志愿者，如果有可能的话、尽量离开一段时间，至少3～6个月，直到你觉得和孩子已经度过了一段美妙的时光之后，再回去工作。

很多父母在他们的婴儿出生没多久就不得不离开家去工作。对他们来说，跟孩子建立情感和心理联系的机会只有早上和晚上，在夜间哺乳时，以及相对漫长的周末闲暇时。婴儿的适应力很强，虽然他们倾向于喜欢一个看护者，但是在他们生命的第一年里，他们可以跟三个看护人建立依恋关系。即使妈妈没办法花尽可能多的时间跟孩子待在一起，希望跟儿子建立密切心理联系的妈妈也可以做到。研究表明，最重要的其实是母子之间交流的质量，而不是在一起的绝对时间数量。从实际的角度来说，妈妈应该尽可能地给孩子提供最高质量的日间看护，并从家人和朋友那里争取尽可能多的帮助来解决家务问题，以免因为家务琐事使得跟孩子待在一起的时间不够。这样，她就可以沉醉在和儿子互相了解的美妙时光里了。

在你儿子的大脑里面（包括每一个婴儿的大脑），有一种叫做“镜像神经元”的东西，他们会复制他所看到的你做的事情。如果你微笑，他也想微笑。在3～4个月大的时候，他能自发地微笑，并且只要他愿意，在任何时候都能对你做出回应。如果你皱眉，他的脸好像也变得更加严肃了；如果你大笑，他也会大笑。而且，不需要事先计划，如果他发出某个声音，或者做出个鬼脸，你就会模仿。例如，如果一个4个月的孩子喊“大，大，大大”，妈妈几乎会立即给他重复出这些声音。如果婴儿发出吐气的声音，“呸呸”的声音，大多数妈妈或者立即重复，或者会大笑，然后他们的宝宝也跟着大笑。“他的面部表情、表达方式跟我很像。”一位母亲这样描述他的儿子，并对这种镜像效应感到惊奇。

母子之间这种大量的模仿式交流是孩子情感生活的基础。

你的脸是儿子的一面镜子

随着时间的推移，你的儿子开始能够感受到在你脸上的丰富内容。同样重要的是，你的脸也反馈了他自己当时看到的感受。如果你给他自信的信息，他就会接纳；如果你跟他一样做出严肃的样子，他完全明白你在很认真地对他。你成为他内心生活的引导者，你能够可靠地向他传递出这样的信息：“你很棒。”

婴儿通常会对自己的感受不知所措。如果他们饿了，就会变得紧张不安或者既愤怒又绝望。如果他们受到挫折，就会变得非常愤怒。如果他们病了或者发烧，他们会感到非常沮丧。婴儿可能很小，但是他们的感受很强大。当然，当你抱起孩子摇着他的时候，当你跟他说话或者给他唱歌的时候，他会因为你的陪伴而感到很受用。同时，你平和安静和温柔体贴的脸也在告诉他，他的感受并不是可怕的洪水猛兽；它们只是正常的感受，他完全可以应对。开始的时候，他通过你的帮助来处理这些情绪，时间久了，当他通过自己的体验了解到这些的确是正常的感受和反应时，他开始认识到这世界是个安全的地方，他就可以自己应对了。

安全型依恋：“我的妈妈和爸爸跟我在一起吗？”

逐渐地，当你能够凭直觉了解到你家男孩儿的需要，当他处于感受的风暴时去安慰他，当他想玩的时候陪伴他，他就能慢慢对这个世界形成一种印象：这个世界很安全。55年以前，儿童心理学领域的先驱—— 埃里克森（Erik Erikson）观察了婴儿早期自信心的发展，以及在某些问题儿童身上自信心的缺乏。他认为，**人生发展第一个阶段的任务就是形成信任。**

现在，我们知道一个婴儿要在人生中形成自信或信任，必须回答他两个问题：“当我需要妈妈和爸爸的时候，他们会跟我在一起吗？他们会体谅我的感受吗？”我们现在已经知道，一个婴儿通过与他的主要看护者，通常是他的妈妈，建立安全型依恋来回答这些问题。他们的感受总是能够被理解，他们的绝大部分需要都能够得到满足，这些经历使他得到了想要的答案。如果你跟妈妈和爸爸建立了这种类型的关系，那么，这是因为：当你微笑的时候，有人也对你微笑；当你饥饿的时候，有人喂你；当你需要温暖的怀抱的时候，有人温暖地抱着你；当你愤怒的时候，你妈妈努力安慰你，并且在任何情况下她都容忍你的愤怒而不会因为你的愤怒而生气。她不会忽略你，转身离开。如果一位妈妈对婴儿能够做到这些，那么婴儿就会逐渐地对这个世界形成安全的印象。

要感谢爸爸与妈妈的养育方式不同

“爸爸不会像妈妈那样。”凯尔·普鲁特（Kyle Pruett）很确定地这样写道。在对待婴儿的方式上，爸爸和妈妈的确有一些基本的差异。我们都是通过个人经验了解到这些情况的，同时，研究人员也发现了一些养育风格上的性别差异模式。一些研究表明，妈妈更倾向于安抚，爸爸则更倾向于激发。妈妈们通过她们柔和的声音和温暖的触摸，倾向于使婴儿的心跳变慢；爸爸们则通过他们的大嗓门和动手动脚使婴儿的心跳加速。儿子和女儿都将喜爱父亲这种有点儿粗野的游戏方式，无论是1岁以前，还是整个儿童时代，都是如此。

在6个星期大的时候，儿童就能够分辨出妈妈和爸爸的声音。而且，可能与你的预期相反，比较安静的婴儿更愿意注意妈妈的声音，而吵闹的婴儿则更容易被父亲的声音所安抚。常识和进化心理学都认为，无论是男孩儿还是女孩儿，他们都会从妈妈和爸爸相互补充的天性中受益。这能够保证多样化的个人经历，并促进他的脑发育。

我并不想夸大男性和女性之间的差异，虽然妈妈和爸爸的教养方式有差别，但是二者也有很多很重要的相似之处。妈妈和爸爸同样能够对悲伤中的婴儿表现出爱的应答，他们对婴儿的看护尽了同样的努力和心血。例如，当面对哭泣的婴儿时，妈妈和爸爸的身体反应是相同的。如果一位爸爸是单亲爸爸，那么，他对孩子做出的应答以及他的看护方式远比他的性别更加重要，而且他的孩子同样能够建立安全的依恋模式。

在传统的家庭模式中，通常是妈妈在家照顾孩子，爸爸在外赚钱，所以跟妈妈相比，爸爸对孩子的影响相对间接，但是仍然很重要。当一位妈妈感到丈夫在支持着她，她就会更加有耐心，对孩子做出更积极的情绪响应，这样她就更容易跟孩子建立良好的应答方式。关于爸爸的作用方面，有大量的文献报告。这些文献都表明，对孩子来说，有一个稳定的双亲家庭是最理想的状况。而且，妈妈应该充分利用爸爸的能力，来更好地养育孩子。在妈妈的眼里，爸爸的养育可能有那么一点不同，但是在儿子的眼里，爸爸和妈妈都一样好。

如果由于各种原因，妈妈无法对婴儿做到这些，比如：可能她正在患抑郁症，她的生活压力太大；或者她对婴儿或者3岁孩子的疝气束手无策，她的脸可能会总是面无表情、充满焦虑、忧心忡忡，或者面露惧色。在另外一些情况下，母子之间的步调会失调。一些妈妈会不考虑婴儿的反应，而自以为是地做她认为正确的事情。例如，如果妈妈和孩子玩“我要抓到你了”或者“老鹰抓小鸡”这类的游戏——在游戏中，妈妈会用手指抓到孩子的身体，并挠他的脖子——妈妈必须清楚孩子是否已经做好了玩这个游戏的准备。如果还没有，他就会被吓到或者感到不安。有时候婴儿想让我们跟他脸贴脸，可是其他一些时候不想。所以，这些都需要了解婴儿发出的提示。

每位父母都有可能会误解孩子发出的提示。世界上没有哪个父母能够做出完全正确的响应。然而，如果婴儿总是看到一张面无表情、漠不关心的面孔，或者他的妈妈总是把自己的意志强加于他，他就会焦虑，会认为这是个漠然的世界。研究人员也已经发现，婴儿会进行“情感偷窥”，就是说，他们会观察成人之间的互动，并根据从成人那里观察到的表达方式来调整他们自己对情感的响应方式。或好或坏的，父母之间的情感互动会在婴儿的心里留下印记。即使他没有经历过身体方面的忽视或者虐待，如果他观察到太多令他不安的成人之间的互动，他也会感到缺少他所希望拥有的那种安全感和信任感。

> 我们一起走了很久，来到附近的公园，在公园里漫步，我们一起寻找鸟儿和鸭子……在室外，他变得非常平静。有人可能会说，把他（孩子）放到车里，带着他去兜风，这样他就会安静下来了。但是对他（我儿子）来说，不是兜风，而是漫步，才能让他平静。这种感觉真的很美妙。
>
> ——一个 1 岁男孩儿的爸爸

无论你是独自一人，跟丈夫一起喂养和看护孩子，还是从其他可靠的人那里得到帮助，你的宝贝男孩儿都需要你给他提供三种保护：第一，让他相信，他可以得到足够的食物、温暖、身体方面的舒适和关切的安抚，并且不会被剥夺；第二，当你精疲力竭的时候，也要保持耐心、爱心和同情心，这样你就不会责骂他或者忽视他；第三，不要频繁地更换看护者。换句话说，你要尽可能地自己去看护孩子。如果你必须把他交给别人来照看的话，你要尽量把他交给他认识并且信任的人，这样的话，这个人就能尽可能像你对他那样充满爱心地对他。

绝大多数妈妈都本能地对她们的宝宝表现出最大的保护意愿。妈妈们经常对我说，她们觉得要离开孩子，无论多长时间，都很困难。当某个人第一次接近孩子的时候，她们都会密切地关注，以确保那个“陌生人”—— 可能是她丈夫、她妈妈，或者她的朋友——的做法合情合理。如果跟孩子分开很长时间，会让她非常不安。

罗丝给我写信说，当她的儿子乔希两个半月的时候，她和丈夫陪着大女儿去了剧院，而把乔希留在了家里。她说：“这是我第一次离开他超过45分钟。”难道你还跟其他人有过这样的关系，在70天里从未离开过他超过45分钟吗？亲子关系的强烈程度是独一无二的。

请听一下杰米如何描述她快5个月的儿子：“我感到跟他的关系非常亲密。他知道我是谁。我并不觉得他仅仅是个‘婴儿’。”她的意思是说，他不是个陌生人，因为现在他们之间亲密无间。她了解他的心情，她接纳他的消极情绪，他们一起玩得很开心。她继续写道：“我喜欢逗他笑——他非常有趣！我喜欢给他洗澡——他很兴奋！我喜欢跟他在一起，看着他光溜溜的小屁股。我就是喜欢他。我喜欢他，搔他的痒，还是喜欢他。我就是让他知道我喜欢他。”

杰米完全进入了她儿子的世界。他们之间有持久的心灵沟通。在这种沟通中，她与他心心相印，亦步亦趋，她还能够不断地增加新点子、玩新花样。这种关系会如何呢？首先，你儿子的生理活动会很正常，通过与你的同步关系，他形成了规律的睡眠、饮食和排泄模式。更重要的是，随着时间的推移，他开始能够控制自己的情感活动了。他知道如何变得兴奋，如何使自己平和下来，因为他已经跟你练习过了。对孩子来说，拥有安全型依恋的最重要之处在于，以后能够给他提供支撑，并且可以迁移到其他方面。

因为有你的良好看护和及时回应，你儿子在人生的第一年里跟你建立了一种安全的依恋关系。你们将会最大限度地步调一致，但是他可能也会跟父亲建立强烈的依恋关系，或者跟另一个照看他的人。我们知道，跟他们的主要看护人建立了安全型依恋关系的孩子会在他生活的每一个方面都做得更好，这种积极的效应会持续很多年。在6岁的时候，他们更容易跟别人建立友谊，健康状况也会更好，在学校里也会有更好的表现，甚至在以后成为父母的时候，也会更加应付自如。精神科医生和神经科学家相信，早期的亲子关系会对脑进行塑造，其影响将持续终生。“爱和缺乏爱，会对幼儿的脑产生深远的影响。”托马斯·刘易斯（Thomas Lewis）、法里·阿米尼（Far Amini）和理查德·兰农（Richard Lannon），在他们所著的《爱在大脑深处》（*A General Theory of Love*）中这样写道。

例如，安全型依恋的儿童能够把注意力维持更长的时间。安全型依恋的男孩儿更勇敢、更富于探索精神。一旦能走路了，只要他们仍然能够看到妈妈或者能够比较容易地回到妈妈身边，就会走得离妈妈更远；并且与其他儿童在一起相比，他们跟陌生人在一起时更加有安全感。

学会欣赏你的男孩儿

首先，你跟儿子在一起应该很愉快。最近几年，家长们的压力开始加剧，与之对应的是儿童成长的环境也充满了激烈的竞争。令人惋惜的是，现在的很多父母用他们工作或者在大学学习的强度来养育他们的孩子。他们对待这件事情非常认真。但是在当前，书籍、杂志、新闻、报道、研究报告、网站以及博客，会给你提供海量的信息和意见，所以自然所赋予你和你的宝宝的，并使你们得以在一起交流、学习、互爱并成长的纽带很容易遗失。如果你在养育过程中过于严厉，你的孩子会感受到。孩子能体会父母的心情。我相信你儿子将会明白你在养育他的时候是否心情愉快，或者你将之视为一种无休止的繁杂工作，或者更糟的，你是否将之视为一个必须按照你所认为的正确方式进行的计划。完美主义是快乐养育的宿敌。

我想提醒你记住唐纳德·温尼考特的伟大思想：拥有一个“持续发展”的孩子，做一个“足够好”的妈妈。如果妈妈知道她不必去设计一个婴儿或者人为地使其长大，如果她知道孩子已经由基因和发育程序确定好了成长的步骤，她就可以放松了。如果她能相信自己是一个“足够好”的妈妈，她就会不再焦虑，并快乐地对孩子的需要做出响应，除了“足够好”的妈妈以外，还会有“足够好”的爸爸、姐姐和哥哥。不一定所有的家庭都很完美，但是婴儿照样能够健康成长。

如果由于这样、那样的原因，妈妈和孩子有点不搭调，孩子就可能会形成所谓的焦虑型依恋模式。有时候，这种关系很微妙，可是妈妈就是没有办法体会孩子的愿望和心境。她可能会因为他的兴奋而烦恼，当她喂他吃奶的时候慢了一点，他可能会愤怒，这时她可能会被吓着。如果这些让她觉得自己不是一个合格的妈妈，她可能会对孩子产生排斥心理，无论是有意识还是无意识的。

或者，如果她心里对孩子的需求有一个固执的理解，或者有一个固执的时间表、一个目标，从而使她对自己这个孩子的需要没有适时做出响应，气氛就会变得紧张。

焦虑型依恋也有各种不同的类型。一般可以分成矛盾型和回避型（虽然二者都不理想，但是都还在正常范围内）以及紊乱型，一般认为这种类型比较严重。有矛盾型依恋的孩子不能在跟妈妈的关系中找到像安全依恋型孩子那样的安全感。他们会变得更加依恋，希望找到他们需要的慰藉，而当他们感到没有找到的时候，就会愤怒。他们在依恋和愤怒之间摇摆，同样，他们的父母也在焦虑和挫折中摇摆。在这种情况下，妈妈和孩子很难协调互动。

回避型依恋的孩子通常有这样的妈妈：她们不愿意去关注孩子的需要，或者只有在她们心情好的时候她们才会去联系孩子。这些妈妈不能接受孩子自然出现的悲伤。这样，孩子就会明白并得出这样的结论：我不需要你，我会自己做。如果在孩子发育的早期，母子之间太过疏离，或者发生了创伤性的疏离，他就会变得回避。在10个月的时候他可能看起来不错，他可能看起来非常独立。但是当他妈妈出去一段时间之后再回来的时候，他不会去找妈妈；即使去找了，他也不会朝妈妈伸出双手并要求妈妈抱他，也不会与妈妈对视，他在回避接触。

当然，所有的婴儿都会偶尔出现回避型反应。通常，妈妈们需要连哄带骗地让生气的孩子回归积极的心态，并重新确认你们之间的亲密关系，这是做妈妈的分内工作。绝大多数安全型的孩子很快就能恢复与妈妈或者看护人的友好关系，但是某些孩子在这样的情况下却做不到，那么这样的孩子就是回避型的孩子。我们想象一下，这些孩子可能觉得：如果她们不跟我在一起，依恋还有什么用？

如果孩子在婴儿后期才被领养——例如，在7个月或者15个月的时候——并且在早期没有得到充分的和良好的看护，他就会形成焦虑型或者回避型的依恋模式，这将会对他的领养父母构成挑战。一致的、值得信赖的看护能够克服很多依恋方面的问题。只有当孩子已经形成了紊乱的依恋模式的时候，他们的创伤才真的难以治愈。

紊乱型依恋的孩子通常来自不完整的，有时候是有虐待行为的家庭环境。在这样的家庭环境里，依恋的压力会达到几乎毁灭性的程度。这样的孩子从来不知道还能指望从看护人那里得到什么，他们的父母对他们的态度经常从一个极端到另一个极端，从极度溺爱到极度忽视，从过度安慰到极度虐待。孩子的反应可能反映了他们为了得到所需要的东西而做出的一种绝望的努力。这种反应是在一种不确定的和可能有威胁的环境中逐步形成的。

建立安全型的依恋模式的时间

什么时候可以确定你的孩子已经建立了安全型的依恋模式呢？到15个月的时候，大多数孩子已经建立了持续性的依恋模式。他们对待父母和其他大人的方式会跟他们6岁的时候一样，甚至可能是一辈子都这样。虽然在儿童时期和青少年时期，这种依恋模式还有可能发生改变，但是有证据表明这种依恋模式的影响非常深远和持久。

在哈佛医学院任教的一位儿科医生、医学博士约翰尼·巴伦杰说，根据她的出诊经验来看，第15个月对孩子来说具有里程碑意义。在简短地描述了来就诊的孩子出现的依恋方式后，她说："在4个月的时候，他们应该能对所有的人微笑；在6个月的时候，我想让他们对我微笑；在9个月的时候，我希望他们真的能与我建立信任关系；在12个月的时候，我希望他们打针不哭。我想，你应该可以把任何一件事情教给一个19个月大的孩子。他们喜欢你，愿意模仿你做任何事。"

巴伦杰大夫强烈建议："在某些时候，你应该相信你和儿子之间已经建立起来的这种联系。在他1岁的时候，你可以完全放心，而不必替他感到担心——这就是说，他可以自己打针，你不用惊讶——到了15个月的时候，如果你的孩子是安全依恋型的，他就会想要自己做一些事情。如果你坚持替他做或者还会焦虑不安地想要保护他，不让他做任何事情，这对他来说没有好处。"在描述一位跟1岁儿子建立了安全型依恋的妈妈时，巴伦杰大夫这样告诉我："她儿子打针的时候没有表现得那么哀伤。这说明，一个安全依恋型的男孩儿只需要你坐在那儿，远远地支持他就行了。还有一次，我劝说我15个月大的孩子站到秤上称一下体重，这花了一些时间，但是他做到了。然后，他明显地感到很骄傲。"

安全型依恋关系很重要。这样说吧，它使父母能引导儿子模仿大男孩儿的行为，一天天地引导他逐渐步入等待着他的大男孩儿的世界。安全型依恋的男孩儿在与你重聚的时候可能也会哭，但是这个时候的哭是一种安全的表达：我想你了，我相信你愿意听我说我有多么想你。安全型依恋的目的是达到最终的独立，虽然不能定义为与你分离，但是至少是在分离和终生保持联系之间的一种平衡。

创造一个适合养育孩子的环境

“从儿童时代最早期的脑发育开始，家庭就是我们的意识得以成长的摇篮。”心理分析师哈维·里奇（Harley L. Rich）在《此刻：拥抱美满的生活》（*In the Moment: Embracing the Fullness of Life*）一书中这样写道：“这是我们开始比较他人、定义自己的地方，它是更大意义上的家庭、民族、历史和人类的一部分。在最深的层次上，它是我们第一次发现自己的地方。家庭模式塑造个性和人生，给我们的方方面面都染上了同样的色彩——友谊、婚姻、工作、信仰。我们欣赏自我和他人，创造价值和寻找人生意义都是从家庭开始的。”

家庭和挚友为你的养育活动提供了最好的支持，并扩展了你儿子将来能够信任的世界范围。如果你的生活里本来没有那样一群人，你应该充分利用你周围的人群，着手创造你自己的一个“环境”。它可能是邻居之间的亲子游戏团体，或者你在公园或游乐场有意无意碰到的其他人。认识许多其他的父母和他们的孩子将会给你提供重要的经验，你可以看看别人是怎么被跟你同样的问题所困扰的，而别人是怎么样解决的。这些办法你以前可能没有想过。还有就是，认识其他的孩子，特别是比你儿子大几个月的孩子，会让你对发展更有信心。

依恋对男孩儿的特殊含义

依恋对男孩儿和女孩儿同样重要，但是对男孩儿来说有一些特殊的含义。首先，研究表明，男孩儿比女孩儿更容易受到异常依恋关系的不利影响。其次，当男孩儿出现依恋方面问题的时候，他们倾向于形成回避型依恋模式，而这种模式与后来的攻击和暴力行为有关。如果我们不想让我们的男孩儿们染上暴力，我认为我们应该从孩子1岁以前就开始做工作，帮助他们形成安全的依恋模式。最后，我担心一些人仍然坚持传统的想法，认为男孩儿不需要像女孩儿那样多的关爱和温暖，或者你必须通过一些手段使男孩儿早点儿“坚强起来”。一些研究发现，当小男孩儿的行为不像“男孩儿”时，传统的父母会感到不安。这些所谓不像男孩儿的行为正是我想要说的。

在研究人员用来检验母子关系的实验中，有一个实验采用了妈妈的“静止面孔”。在实验室情境下，一位妈妈先跟婴儿椅中自己4个月大的孩子玩两分钟，她对他笑，跟他玩游戏，或者搔他的痒。然后，研究人员发出信号，要求她转过身去背对着孩子。过一会儿，当她再转回来的时候，她需要保持一张“静止的面孔”（或者叫做“面无表情”），脸上没有任何表情。研究人员很想知道婴儿的反应以及他们如何试图与现在漠不关心的妈妈重新建立联系的。虽然他们没有考察过这方面的性别差异，但是他们吃惊地发现，男孩儿和女孩儿对毫无表情的面孔有着显著不同的反应。

当男孩儿和女孩儿不能使他们的妈妈像往常那样朝他们微笑的时候，他们都会变得悲伤，许多孩子都哭了。然而过了一段时间之后，2/3的女孩儿安定了下来，把目光从妈妈身上移开，开始关注实验室里的灯或者婴儿座椅了。相反，大多数男孩儿持续地哭泣，无法安抚。有一些男孩儿使劲反抗绑着他们的带子，把它们扔来扔去，生气地大哭。

如果你观察这些男孩儿的录像带，你就会得出这样的结论：小男孩儿一点儿都不坚强，他们不像女孩儿那样机智有策略；而且，当他们失去了与妈妈的联系的时候，他们就会变得愈加悲伤和愤怒，试图重新建立联系。在我有关学前儿童的工作中，我经常遇到一些老师觉得很难对付的4岁男孩儿。他们跟我描述说，这个男孩儿易怒、孤僻、难以接近。他没法结交朋友，并到处惹麻烦。像这样的男孩儿通常就是当他还是婴儿的时候他因失去与妈妈的联系而激烈地抗争，但是仍然无法使妈妈回来，最终他受到了挫折，从而与所有的成年人形成了隔阂。

我们知道回避型男孩子在将来的生活中会出现一些安全依恋型男孩儿所没有的困难。在青少年时期，回避型男孩儿可能无法跟师长建立友谊，因为他不允许自己充分信任成人。如果一个14岁男孩儿无法与成人建立友谊，他就更容易受到不良群体的影响，如果他手里有枪，他不会像安全型男孩儿那样能够有效控制自己的感受，从而可能对受害人没有什么同情心。从社会的角度来说，为了防止将来的暴力，有一件重要的事情是我们现在可以做的，那就是对我们的孩子给予足够的重视使其形成安全的依恋模式。虽然有很多因素会造成成年男性的暴力行为，但是早期的依恋是很重要的一个因素。

说了这么多，我并不是建议你不顾一切地黏着儿子从而保证他跟你有安全的依恋。我在这里举出几个最佳的做法：**欣赏他、跟他玩、看着他、喜爱**

他。当然，有时候他会需要自己待一会儿。一旦到了7个月，可以坐起来玩玩具了，他将需要体验一下孤独是什么样子的——只需要妈妈在旁边，但是不需要抱着他或者跟他互动。他需要自己（安全地）体验一小会儿这个世界里的孤独。从心理学的角度来说，他的安全感来自于他与你的亲密关系，他知道你就在那儿，随叫随到。他可能一直都不看你，因为他的世界会日益吸引他，但是他有一种感觉：你一直都在那儿陪着他。

男孩儿有何不同：巨大的个体差异和更慢的发育进程

随着孩子逐渐长大，性别差异会日益明显。除了明显的性别特征之外，男孩儿和女孩儿之间还有一些其他方面显著的身体和神经方面的差异，这些差异从出生开始就有，来自于子宫环境中荷尔蒙的作用。（见第5页“是什么使男孩儿成为男孩儿”一节）然而，大多数差异对养育活动没有影响。如果你在生儿子前不曾养育过女儿，你可能不会注意到这些差异，因为你没有比较的对象。即使你曾经养育过女儿，但是从养育的角度来说，你女儿和儿子之间个体气质方面的差异要远远超过性别差异。

此外，性别差异在婴儿期就显而易见了，并且随着年龄的增长而持续存在。一般来讲，出生的时候，男孩儿要比女孩儿更长、更重一些。与女孩儿相比，他们的脂肪少一些，肌肉多一些，并且这种差异会持续终生。平均来说，男孩儿长大后会比女孩儿整体大15%。还在趴着的时候，男孩儿就比女孩儿表现出更大的力气抬头。他们的心脏和肺也更大。与女孩儿相比，他们的收缩血压更高，安静时的心率更低。

男孩儿比女孩儿的成长要慢，并表现出更大的个体差异。身高就是一个例子。我们都知道女孩儿先达到青春期，所以在6年级的时候她们长得比男孩儿高。直到八九年级的时候，男孩儿才会赶上来，此后很多年，他们仍然会持续地长高。当生长结束的时候，男孩儿不仅比女孩儿更高，而且身高的个体差异也比女孩儿更大。这种个体差异在其他方面也会体现出来，例如自控能力、阅读能力。男孩儿有很多种，当你生了个男孩儿，你必须先设想一下你到底生了个什么样的男孩儿。

在男孩儿的发育方面，你需要了解一个可能是最重要的事情，即男孩儿比女孩儿发育得慢，并且他们的发育轨迹与女孩儿有所区别。作为父母，你必须学会相信男孩儿发育的弧形轨迹和时间进程。如果你做不到，你会由于这些发育方面的差异，或者发现他被隔壁邻居家的女孩儿落在了后面而产生焦虑、否认，或不耐烦，并进而导致儿子生活的不幸。

这里有两个问题：一个是发育的步骤，另一个是发育的轨迹。通常你很容易就能看到男孩儿的发育比女孩儿慢，但是他们最终在某些方面赶上来了，例如青春期的一些生长发育。然而，就像小说有它自己的发展逻辑一样，从开始到结束，男性的整个发育过程也有他自己的内在逻辑、节奏和归宿。

男孩儿和女孩儿在脑机制方面的差异

男孩儿的脑和女孩儿的脑在许多方面都有区别。而且毫无疑问，在未来，心理学家和神经科学家将会发现更多的差异。性别差异的有关研究告诉我们很多关于性别差异的知识。但是无论这些发现在生物学方面有什么重要意义，我不认为这重要到值得我们去建议父母以完全不同的方式养育男孩儿和女孩儿。

我们这样做有两个理由：首先，男孩儿和女孩儿在许多方面是非常相似的。男孩儿和女孩儿并不是两个完全不同的人群，无论他们有什么大的差异，跟性别角色相比，他们都属于人类，这一点更加重要。二者之间的相似性远远大于差异性。

如果你用正态曲线来描述男孩儿语言能力发展的整个过程，把有智力缺陷的男孩儿放在曲线的一端，把另一个有语言天赋的男孩儿放在另一端，然后把这条曲线跟女孩儿的正态曲线重叠在一起，你就会发现它们在很大程度上是重合的，大约有80%左右。换句话说，男孩儿和女孩儿都会读写和听说，他们学习阅读，掌握语言的所有方面。至于说他们做得怎么样，要受到智力、社会阶层以及父母教育水平的影响。不过，也就是在这条曲线的尾端，在最高点和最低点，显著的性别差异会表现出来。

因此，如果你愿意讨论性别差异，你会找到支持性的论据。如果你愿意讨论性别相似性，你同样也能找到强有力的支持性论据。如果你要问“男孩儿真的与女孩儿不同或者真的相似吗？”之类的问题，这就像在问“杯子有一半是空的还是有一半是满的？”之类的问题一样，答案当然都是“Yes”。

不过，下面的研究非常吸引人，并为你了解男孩儿的本质提供了一个窗口。

塑造爸爸养育儿子的方式

男人通常不太善于日常聊天，特别是跟自己的妈妈。因此，他们可能会回避跟家庭里的妇女们对话，爸爸的身份就可以解决这个问题。爸爸不仅可以跟儿子分享类似的成长经历，包括自己小时候跟妈妈、祖母和姑母等的关系，而且关于自己婴儿期和儿童早期的疑问会帮爸爸发掘出大量的信息和见识，这些信息和见识能帮助爸爸理解儿子、理解自己，并塑造爸爸养育儿子的方式。

你如何了解自己婴儿和幼儿时代的信息呢？请从那些了解你的人那里开始。

●深刻了解你早期的气质，你儿子像你吗？他的睡眠跟你一样吗？他比你更安静，还是更容易被激怒？

●应对策略。你可以把妈妈和祖母记得的对付你的策略记下来，并准备用在对付自己的儿子身上。

●了解自己的早期经历，跟孩子建立联系。在有小孩子的这段时间里，爸爸通常会被边缘化，或者感到被边缘化，感受到这一点会使你更容易跟大孩子建立联系。对你自己的早期经历了解越多，对帮助你跟孩子建立联系就越有好处。

●你能做一些可行的、积极的事情，别人会感激你，包括你的儿子。无论是通电话、发电子邮件，还是假日聚餐，你跟孩子的对话都为他提供了深入体验家庭生活和深化与你的关系（有时候很直接）的机会——这就是你想要留给儿子的。

除了交谈，还可以找一些实物。搜集一些你儿童时代的照片和手工制品，这会将你的儿童早期跟儿子的联系在一起。我为什么觉得这个很重要呢？因为在男孩儿的生活中最常见的一件事情是父母对他们失去信心，即使只是暂时的。这些事情有助于提醒大家每个男人都是从幼小的、脆弱的男孩儿成长起来的。这还会帮助你对儿子当前的发育和将来的发育建立起信心。

男孩儿以不同的方式观察世界

男孩儿关心的事情跟女孩儿不同。在詹妮弗·康奈兰（Jennifer Connellan）和安娜·巴尔基（Anna Batki）做的一个著名的社会知觉实验中，英格兰剑桥市罗西妇产医院的一个当天出生的新生儿参与了这个实验。在实验中，实验人员给孩子直接看两种面孔：一种是一位妇女的面孔；另一种是一个机械装置，研究人员把它叫做“异形”。这个装置具有脸的所有组成结构，但是这些结构是随机分布的，看起来一点都不像脸。在这张机械脸上，有一些东西是悬挂着的，看起来更像是机械，而且它可以动。在实验中，研究人员并不知道这个新生儿是男孩儿还是女孩儿。但是通过对实验视频的分析，新生儿的性别被识别出来了。研究人员发现，女孩儿花了更多的时间来研究真正的脸，而男孩儿则花了更多的时间注视机械脸。

这个发现验证了斯维特拉娜·拉契马雅（Svetlana Lutchmaya）和西蒙·巴伦·柯恩（Simon Baron Cohen）早期的工作。他们的工作表明，在游戏的时候，1岁大的女孩儿看妈妈的时间比男孩儿更多。与关于脸的电影相比，男孩儿更爱看关于汽车的电影。莱奥纳德·萨克斯（Leonard Sax）下结论说：“女孩儿天生就对面孔感兴趣，而男孩儿天生就对移动的物体感兴趣。”他相信这种差异来源于男孩儿和女孩儿视觉系统的不同组织方式，他认为“从视网膜到大脑皮层的每一条通路的每一个阶段，男性和女性都是不一样的”。

实际上，女孩儿和女人确实终生都比男孩儿和男人更多地关注别人的面孔，成年女性比男性能够更好地理解面孔所传达的信息。而在几天大的孩子身上发现的这些行为差异可能为男性和女性的这些性别差异提供了生理学方面的解释。视网膜的厚度和眼睛里面锥体细胞和杆体细胞的分布差异可能也会影响到男孩儿对颜色的喜好。在读了萨克斯的书以后，有一位老师对我说：“很多年来，我在艺术课上曾一直努力让男孩儿使用更多的颜色。可是他们似乎只用黑色、棕色、灰色和蓝色，这让我感觉很受挫。现在我明白了这些是生物学方面的差异，所以我会让男孩儿们按照自己的方式去做，而不再强迫他们用黄色和红色的蜡笔了。”

关于这些研究发现尚存在一些争议，其意义也尚未被科学家广泛地接受；但是它们确实提示我们，从视觉角度来说，男孩儿确实生活在一个不同于女孩儿的世界里。

男孩儿的听力不如女孩儿

在婴儿时期，女孩儿的听力比男孩儿好，特别是在人类的语音范围内。路易斯安那州立大学教授珍·卡西迪（Jane Cassidy）做的一项包括350个婴儿的研究发现，女孩儿的听力要比男孩儿敏感得多，这使女孩儿能够更准确地分辨人类的言语。这些发现与其他一些研究结果相一致，这些结果表明，音乐治疗能够对早产的女孩儿产生积极的效果，但是对男孩儿没有任何效果，或者也可能在实验中所使用的音乐——《梵天摇篮曲》——并不适合男孩儿。这项研究很容易引起人们的思考，因为它表明男孩儿聆听世界和父母声音的方式可能会影响他们被父母教育的方式。男孩可能更多依恋线索而不是声音。它还提示了为什么男孩儿不能像女孩儿那样快速掌握语言。

男孩儿不能像女孩儿那样快速地学会语言

大量的研究表明，一般来说，女孩儿比男孩儿能够更好地使用语言，而且这些差异从小就有。女孩儿比男孩儿说话早。她们的拼写（书写）和阅读能力都比男孩儿强。与男人相比，女人使用的句子更长，她们的语法结构和发音更标准，她们回忆单词也比男人更容易。这些是天生的生物学意义上的性别差异吗？有证据表明的确是的，因为男人和女人分别用大脑的不同部分来完成语言任务。

在班尼特·施威茨（Bennett Shaywitz）和他的同事在耶鲁大学完成的一个著名研究中，男性和女性被要求完成一项押韵分辨任务。结果发现：有一半女性激活了左侧布洛卡区（这是一个重要的语言中枢）和右侧同源区；相反，男性只激活了左侧布洛卡区。这个令人兴奋的发现说明，男孩儿和女孩儿可能用大脑的不同部分学习语言。这项发现与其他大量的研究也相互印证，表明与女性相比，男性更倾向于以非对称的方式使用大脑。这就是说，他们的大脑半球更加专门化，左右半球之间的联系更少。虽然科学家无法验证这些差异完全是生物学意义上的，而不是文化的塑造作用——养育男孩儿会影响你的大脑结构，使你的脑结构更像“男孩儿的脑”——但是这种可能性是存在的，因为这些语言差异不仅在小时候有，而且终生都存在。

父母对男孩儿和女孩儿的感知差异

我们知道了很多关于儿童，特别是幼小男孩儿的早期发育方面的知识。但是对男孩儿来说，最重要的是我们如何去做：在他的人生中成人如何感知他，这种感知如何影响成人与他的互动。关于这方面的研究提示，我们对男孩儿的感知——从婴儿时期开始——是有性别偏差的，即便我们自己觉得我们是客观的，我们看得很正确，也是存在性别差异的。

这些年来大量的研究都表明，父母对男孩儿和女孩儿的感知是不同的，谈论他们的方式和内容也不一样。这种差异从孩子刚出生的时候就开始了。我们不这样又能如何？我们的心里都有非常强烈的男子气质和女子气质的参照模型，这些模型是千百万年来文化对我们的馈赠。它们迫使我们把对男孩儿和女孩儿的性别期待投射到婴儿身上。当人们抱起一个女宝宝，他们倾向于说：“她多甜美呀！”“她多么可爱呀！”可是，当他们抱起男宝宝的时候却会说：“他多帅呀！”“好一个健壮的小伙子！”

一位研究婴儿运动能力发展的研究者，克伦·阿道夫（Karen Adolph），让父母预测一下他们的孩子在一组爬行任务中的表现会怎么样：孩子能爬下斜坡吗？男孩儿的父母比女孩儿的父母更加自信他们的孩子能够完成任务。可是在实际做的时候，男孩儿和女孩儿之间没有差异，差异只表现在父母的预期上。

在另一个经典的性别实验中，研究人员发现成年路人对哭泣的男孩儿和女孩儿有不同的反应。在研究中，路人会让男孩儿哭更长的时间，然后才去把他们抱起来，并且他们安慰男孩儿的时间要比女孩儿更短。

我们对孩子的反应更倾向基于性别的刻板印象，而不是某个孩子的特别需求。这很让人担忧，因为这可能会导致我们忽视男孩儿的脆弱，同时低估女孩儿的能力。所以，在看待孩子方面，最重要的事情不是关注他到底是男孩儿还是女孩儿，而是你是否与他心心相印。**亲子之间的这种心灵共舞（包括妈妈和爸爸）是孩子健康人格的基础。**如果我们关于男孩儿的刻板印象使我们忽视男孩儿在第一年里对我们的依赖，结果将是非常糟糕的。

无论新的研究将会发现什么——每天都有新的发现——重要的是要记住，每一个男孩儿身上都已经拥有了问题的答案，每一位父母都处在科学研究的最前沿，我们所要找寻的关于男孩儿的真理其实就在那儿，它们会在我们面前逐步显现，等着我们去一点点地发现。我们不必等待科学给我们提供更好的解释，因为我们自己就可以做得更好。

第三章

冲出怀抱：蹒跚学步的惊喜

从18个月到3岁

It's a boy

最重要的是，我喜欢更多地了解他。这是一个永远不会结束、不断揭示未知真相的过程。每一天、每一刻、每一分、每一秒，都在进行中。有时候，是在我们一起吃冰激凌的时候；有时候，是在房间里一起玩耍的时候；而另一些时候，则是我们打盹儿时互相依偎的时候。

—— 一个2 岁半男孩儿的爸爸

通常，男孩在18个月的时候就能够自信地走和跑了，一旦如此，他就会不停地移动。他对自己的新能力非常兴奋。他不只是走，还会攀爬和跑跳，以至于你必须时刻紧盯着他。

> 我喜欢他对事物的兴趣。我喜欢读故事给他听，把他娇嫩的、柔软的小手放到我的手上。我还喜欢看着他耐心却执着地想要把问题搞清楚的样子。
>
> ——一个 3 岁男孩儿的妈妈

琳达描述说，有一次，她只是转过身几分钟，当她转回身来的时候，发现儿子丹尼尔竟然站在了火炉上！他在一眨眼的工夫，推过来一把椅子，爬到了灶台的上面。很幸运的是，煤气都没有打开。但是出现这种情况就要求他的父母必须采取更有效的办法来预防才行。

“攀爬已经成了我们的生活中最大的变化，”她说，“我们的房子里到处都是门。我感觉好像丹尼尔坐在那儿，谋划了很久，然后出发去执行他的计划。他总想动，到处跑，不断地换地方。”

“而且他还用新的方式来表达自己的意见，”她说道，“他从18个月开始就好发脾气。他想到每一个地方去走走，可是从来不去我让他去的方向。当我抱他起来的时候，他弓着身子尖叫，想要打我的脸。”丹尼尔想打妈妈的行为每天都会出现吗？不，这种情绪的爆发不会出现在6月、7月和8月，这个时间正是当教师的她放暑假的时间。这个时候，她可以让丹尼尔在公园里自由地玩耍，而她只是跟着。所以，他们在这个时候会有一段蜜月期。到了9月份，他的坏脾气就来了。这与她回去上班的时间正好吻合。“我们的生活节奏开始加快了。”她说道。

在这个年纪，你儿子并不理解你的生活节奏。他只顾着做他自己的事情，关心自己感兴趣的东西，这就是他此时所有行为的动机。还记得当他第一次取得这些发展性成就的时候，你有多高兴吗？还记得当他走出人生第一步的时候，你曾高兴得大惊小怪吗？还有，他第一次拿起勺子的时候，说出第一个词的时候。而现在他的心里所装载的就只有如何去使用自己新的“肌肉设备”了。

DIY孩子的益智玩具

最新的脑科学研究为儿童早期大脑如何工作、如何学习、如何发育提供了大量的、有趣的知识。同时，还有一个很明显的现象：很多父母都迫切地想要帮助自己的孩子更加健康地发展。于是，那些生产和销售益智玩具、游戏和其他东西的厂商就盯上了这些心急的父母。那些玩具之类的东西被宣传为儿童发展推进器。

你需要知道的是，在你家后院弄个泥堆，找个吱吱响的旧门合页，一起做个饭，或者在附近的街区随便转转，这些都能为你提供很多很多跟商家兜售的昂贵商业玩具同样的促进发展的效果（其实也就是使孩子更加集中注意力，更多地练习感官能力）。而且，你自己弄的这些东西还有其他一些好处——例如，通过学习来增强在不同时间、不同情境，针对不同日常用品的创造性——这些好处是商业玩具所不能提供的。

已经长大成人的男孩儿（已经在工作和生活中取得成功的年轻男性）父母跟我们分享了如下一些小贴士。这些小贴士告诉你哪些活动、游戏、玩具在他们儿子小时候曾对他们儿子的发展（包括脑的发育）有过帮助：

●跟父母一起做饭，打扫卫生，做一般的家务以及庭院里的工作（当孩子长大一点儿的时候，可以做一些修理的家务活动）。

●院子里的游戏——踢球、扔球、蹦跳的游戏。在附近的街区或者公园里走走，或者跑个腿儿。

●简单的桌面游戏、猜字谜、堆积木。

●书籍（大声朗读，自己朗读，开车时听耳机里的朗读）。

●音乐和乐器，唱歌。

●家庭聚餐和闲谈，睡前聊天，祈祷。

●参加社区活动，做义工。

●照看宠物，跟宠物一起玩。

> 我不知道什么才是正常的发展，但是他看起来很正常。他很阳光，这让我很高兴。
>
> ——一个 2 岁半男孩儿的爸爸

用著名的儿童发展心理学家路易斯·贝茨（Louise Bates）和她的同事的话来说，18～20个月大的孩子“以自我为中心的程度让人不可思议”。儿童时期放纵的攻击行为也在2岁左右达到巅峰，而且男孩儿和女孩儿都是这样。男孩儿在18个月大到3岁这段时间，有时候日子会过得阳光明媚、爱心爆发，而有时候，则会出现不同程度的自我中心行为。所以，这个时期的主要发展动机是独立和自主。埃里克·埃里克森认为，这是人生发展的第二个阶段，而且这个阶段的特点表现为“他想要成为他自己”。孩子在24个月大的时候，可能很清楚他妈妈想让他做什么，可是他就是不听，非要做别的事情。为什么？因为此时从身体上来说，他可以独立行动，而且他正在迅速形成一种自我感，即他与别人是独立的，他也不一定成为别人所期望的他的感觉。

儿童心理自主性的建立是一个儿童心理发展过程中阶段性的革命性变化，并促使他的发展开始加速，从婴儿过渡到幼儿阶段。虽然并没有一个确切的时间点标志他何时发生转变，开始需要独立自主，并宣告他就是他自己，不是别人。但是传统上一般把18个月看作是新阶段的开始。这是因为，孩子在这个年龄的时候，在身体条件上具备了离开父母的条件——并且他们自己也清楚地知道这一点——而且，他们开始用语言来表达自己的要求。要对付这种新的“独立性”，父母需要一些与以往不同的东西。

发展的八条线索

未来的发展

一个关于养育孩子的传闻是这样说的：一些发展心理学家雇了一位专业的运动员来跟着一个幼儿到处跑，并要求运动员准确地模仿幼儿所做的每一个身体动作。这样过了2～3个小时，运动员筋疲力尽了，但是孩子还在又跑又跳。即使这个传闻是虚构的，每一位父母也不得不承认其中所包含的道理。下面让我们仔细看一下这个时期的“淘气包”有什么特点吧。

身体发展

这个年纪的男孩儿总是在动。宝宝在刚满1岁的时候，胖乎乎的身子逐渐瘦了下来，从这个时候开始，他们才真正看起来像个小孩了。到了18个月大的时候，他们可以独立行走了，但是要努力保持平衡。他们能够自己上下楼梯（虽然还不能交换双腿上下楼梯），而且他们很快就能笨拙地奔跑了。他们能拐弯、原地跳，当然，还能爬高——可是还不会爬下来。

2岁的男孩儿喜欢大吵大闹。对这个年纪的男孩儿来说，没有什么比扑向父亲、和父亲闹着玩更让他们感到高兴的事情了。通常，这种活动能够使爸爸觉得跟儿子很亲近。他们还会从楼梯上跳到爸爸的怀里，他们喜欢跟爸爸玩抛高游戏。男孩儿们也喜欢跑向妈妈，然后扑进妈妈的怀里。他们想让妈妈抱，举起来，荡来荡去。他们能骑三轮车，荡秋千；2岁多一点的时候，他们还需要别人帮着他们骑上三轮车，在秋千上推他们一把；可是到了3岁的时候，他们就能自己骑车了，也能用自己的腿来荡起秋千。

伴随着这些柔性运动控制技能的发展，他们也出现了另外一些令父母特别高兴的进步：成功的大小便训练。美国绝大多数的学前教育机构都要求孩子必须在2岁9个月之前完成大小便训练。当然，如果你能集中训练他们，让他们把这当成一回事儿，他们通常都能够做到。所有养育孩子的指导手册里都建议，在这件事情上，你不能来硬的。我也同意这一点，否则，会给孩子的心理造成伤害。重要的是还要做出榜样、提出要求、给予奖励。一定要要求他们学习使用便盆，然后是学习使用马桶。人们倾向于认为，男孩儿形成规律的大小便的时间要比女孩儿晚一些。但是如果你因此就不对男孩儿做任何要求，情况会更糟的。

到了3岁的时候，你儿子就已经能够协调四肢了。他能踢、扔和抓住球。他们自己吃饭、喝东西，甚至还能穿上简单的衣物，例如不太紧的裤子和衬衣。3岁的孩子协调能力已经很好了。很快，他就能正确地拿起蜡笔了。

依恋

在这个时期，你儿子的各个方面都在发展。所以，一旦婴儿与妈妈、爸爸，或者一两个其他的看护人建立了强烈的安全型依恋关系，他就建立了进一步发展的基础。从这个安全的感情堡垒出发，他现在就开始探索世界了。不过他依然需要回到这个堡垒来补充情感方面的能量。任何的压力，例如疾病，或者小弟弟、小妹妹的出生，都可能会导致他重新黏着你，哭泣，并不断地监视你。有时候，他看起来可能对你完全失去了兴趣，在另一些时候，他又会在后边跟着你，想要和你一起做每一件事。他可能会喜欢拥有属于自己的盘子、锅和其他器具，从而“帮助”你做饭。

晚上你想要出去的时候是最困难的时刻。到了2岁半，很多孩子会对分离感到极度恐惧，因此会表现出激烈的情绪和愤怒，甚至呕吐，从而阻止你外出。这些情况可能很难处理，特别是当你确实想要去某个地方的时候。在这种情况下，最好的解决办法就是，找一个儿子熟悉的保姆来看着他，这样他就可以在你走出家门的时候，一边悲伤地哭泣，一边无助地跟你挥手拜拜了。同时，保姆还可以打电话告诉你：你走了以后，你儿子很快就好了，并高兴起来了。

社会性发展

友谊对于2岁大的孩子来说很重要，只是他们还不太善于建立友谊，他们只是被其他孩子的魅力所吸引，男孩儿和女孩儿都如此（性别分化还没有开始）：他们喜欢聚堆儿。跟其他孩子在一起有助于孩子语言能力和解决问题能力的发展。然而，真正的友谊需要同情心和谦让。2岁的孩子才刚刚开始形成同情的能力，他们还不懂得互惠。

当一个2岁的孩子打了另一个孩子，大多数时候他并不知道他已经伤害了别人，即使他知道，他也只会在别人还手以后感到委屈和不知所措。男孩儿可能会不假思索地从另一个正蹲下身子玩盒子里的玩具的孩子头上迈过去；他还会在撞到一个小朋友的时候，为两人的拥抱而感到高兴，他也是无意的。当然，当他真的受挫了，他会打或者咬别人。这些事情都发生在此时的“朋友”之间。

显然，2岁孩子之间的友谊需要大人的指导。开始的时候，一群2岁大的孩子会四散游走，虽然他们其实是属于一个组的。他们觉得别人很安全，也没有危险感，需要成人预先判断是否会出现麻烦。如果出现，则需要成人参与进来将他们分开或者拉走。如果你为他们提供了规则和指导建议（以及必要时候的牵制战术），男孩儿们将会建立亲密的感情联系，会互相表达友好、微笑和拥抱。接着，他们就会维持一段时间的“平行游戏”——虽然是自己玩自己的，但是互相离得很近。如果你做到了这些，并且成功地防止他们互相打架，那么等他们到3岁大的时候，他们就能够真正地重视他们的亲密朋友了。他们能够叫出对方的名字，想要见到他们，并且会在他们不在的时候想念他们。

到了3岁，你的儿子将会懂得如何分享，他将能够跟同组的男孩儿一起玩了。就是从这个时候开始，他只愿意跟男孩儿玩了。你可能会很希望看到他跟女孩儿一起玩儿，认为这会保证他将来长大以后成为一个善解人意的男人，对女人有健康合理的态度。在学前期，他的亲密朋友里面可能有女孩儿，也可能没有。这个时候，不必太执着于这个性别平衡的问题。这不会持续很久的。你的儿子将会花一生的时间形成某种策略和必需的情感模式，来与女孩儿和女人建立健康的关系模式。在这个年龄阶段对男性同伴的偏好是正常的，它是健康的自我意识发展的组成部分。

关于2岁男孩儿之间的游戏，有一点需要特别注意的是，男孩儿和另一个孩子之间的这种“社会契约”——某个时刻，游戏的时间和情境——实际上非常短暂，甚至会以破裂的形式收场。可能爆发矛盾并不意味着这两个孩子不是朋友；过不了几分钟，最多到明天，他们又会在一起玩了。

认知发展

所有的孩子都是科学家，因为他们是非常专注的问题解决者。在2～3岁大的时候，你会发现，科学家实际上能在心里做实验。4个月大的孩子会抓起东西塞到嘴里，12个月大的孩子仍然需要靠触摸来理解物体，18个月大的孩子可以把类似的物体分成一组。到了2～3岁大的时候，你会发现他们不会再胡乱地把一个物体的不同部分弄到一起，而是研究不同的部分，观察接合的部分，然后在心里进行匹配。

这种做心理实验的能力——想象物体的关系——在游戏中也会体现出来。孩子们这时开始玩角色扮演的游戏了。例如，当玩跟消防队有关的玩具时，男孩儿会讲一个故事，然后按照故事来玩。他们会找到一个消防帽（就像本章后面所描述的关于泰勒的事情一样）戴上，完成幻想中的故事。他会拿着两只恐龙，让它们对着杯子打架，把杯子当作是恐龙的食物。这个年龄的孩子还懂得人与这个世界上的物体是不同的这个道理。他们知道人们会思考，有意愿和感受。他们与成人的区别在于，他们的思想中有多少是合理的、有多少是不合理的，这个比率跟成人是不一样的。他们会非常确定地认为自己床下有一只巨大的恐龙，当妈妈挥着手“施展法术”把恐龙撵走时，他们就很容易安静下来了。虽然他们已经观察到了这个世界的物理规律，但是他们并不总是相信这些规律适用于他们。毕竟，要成为一名科学家，他们该接受的教育还没有完成。

学业发展

这个世界多姿多彩，乐趣无穷。有书可读，有故事可听，有游戏可以玩。

你为什么把这些有趣的事情都用来为上学做准备呢？其实你可以跟孩子一起计算、命名、涂鸦、阅读、玩幻想游戏，并把这些事情当作一种享受。他对你做的所有事情都感到好奇。跟他一起做饭，一起打扫卫生，一起在公园散步，分辨不同的树木、花草和鸟兽。在这个时期，他的词汇量从20个增加到了几百个。你儿子喜欢这种自然的学习节奏，不应该把这个过程变成令他讨厌的事情。可以每天都教他一些东西，但是请不要太严肃认真。不要用电视作为教育的工具。研究已经发现，3岁以下的孩子看电视会带来后期的注意缺陷问题，使他们变得好动，难以集中在某个事情上。

情绪的自我调控

学会管理自己的情感是儿童早期的一项重要成就。3岁的男孩儿比 2岁的男孩儿更擅长调控自己的心境，这是因为他有很多练习的机会。在他与妈妈分开，必须由别人来照看的这段时间里，他必须控制自己的分离恐惧以继续生存。他需要通过探索世界，倾听你对水龙头排水的声音、黑夜、野生动物以及吸尘器的解释，来控制自己的恐惧。他需要克服挫折来成长，他需要明白他的愤怒是无法令你屈服的。

如果小男孩儿被吓到了，他会通过看你的脸来评估这种威胁有多大。他们需要看到的是你平静而自信的脸。当他的妈妈或爸爸对他的恐惧没有耐心的时候，他就会感到痛苦。他不只是没有得到安慰，而且他看到了不满。对2岁的孩子来说，父母对他的肯定很重要。如果他觉得自己没有得到肯定，他会很焦虑的。

道德和精神信仰的发展

2岁的男孩儿经常说“不”，但是他也会说“我爱你”，他基本上来说还是挺可爱的。而且，他还努力做一个有道德的人。这从他对自己说“不”，阻止自己做不允许做的事情就可以看得出来。当你看到这些现象的时候，实际上你就看到了内化过程的开始。你可以观察到孩子精神世界中与他的动物玩具有关的每一个方面：他对它的喜爱、关心和体贴。他此时对他的玩具熊表现出什么感情，他将来就会对他的好朋友、妻子表现出什么样的感情。他通过玩具熊来练习自己精神方面的发展。请记住，你要使自己的道德标准具有启发性，而不是死板的教条。“我们在家里不能打架”并不是说你不想看到打架，只是说你不想看到无所顾忌的打架。这也就是说，道德标准要以启发的方式来提示。

自我认同

这个时期的一项重要成绩是发现和认同自我。男孩儿通过表达他需要什么和不需要什么来了解自己。“不”是自我认同的表达，所有的男孩儿都会使用它，但是“是”也同样重要，它表达了他们的兴趣。

男孩儿在2～3岁之间了解到自己是个男孩儿，而且他对此感到骄傲。他会管妇女叫“女士”或“妈咪”，管男的叫“男士”，尽管此时他能够根据图片上男孩儿和女孩儿的服饰说出他们之间的区别，但是他们还不能根据生殖器官来区分男孩儿和女孩儿。他对这部分内容仍然不理解。不过，通过他们的行为，他显然能够区分男孩儿和女孩儿。当给他看一些图片，图片上的人在做不同的事情，比如有的在开卡车，有的在看小孩儿，这时候他通常能够根据对性别的刻板转而将图片上的人物归到不同的类别中去。在这个时期，虽然他既模仿妈妈也模仿爸爸，但是他只愿意做男孩儿的事情。当他快3岁大的时候，他就应该能够清楚地表达他对父亲的认同了。

可怕的2岁叛逆期

当泰勒21个月大的时候，我在托儿所见到了他。他的小伙伴儿，一个15个月大的女孩儿辛迪，恰好走到他和托儿所阿姨之间的位置，并站在了那里。很明显，她忽视了泰勒的存在。无论她有意无意，她现在正处于众人瞩目的焦点位置。泰勒踢了辛迪的腿两下。她既没有退缩，也没有强烈的反抗——实际上，她只是看起来有点不安——但是阿姨立即警告泰勒："泰勒，不要踢辛迪！踢人是不对的。"在阿姨的话说完之前，泰勒又踢了一下，好像是作为补充。你可以看得出来，泰勒之所以这么做，其实是因为他知道没法跟成人抗衡，早晚会被压制住。同时，他只是想表明，他是一个独立的行为人。他之所以踢辛迪，是因为他能踢。这是一种纯粹的和单纯的自由意志的体现。

在被批评了两次以后，泰勒走开了。到此为止，事情似乎已经结束了。可是，他很快绕到了辛迪的后面，然后在三个成人六只眼睛的注视下，又慢慢地很轻地踢了辛迪两下——几乎就像表演一样。这就是自由意志和自我控制的双重体现。看到这种情况，你忍不住会笑。同时，我能看出来，他妈妈和他的幼儿园阿姨对此表现出了忧虑：如果他继续踢别人怎么办呢？那样做是不对的。

> 他极其胆大妄为，我真不知道他长大后会变成什么样子。他根本不关心我们所谓的“恶有恶报”的训诫。
>
> ——一位 2 岁半男孩儿的妈妈

你是否还记得，不到1岁的婴儿无法将自己与妈妈区分开来。因为他非常需要妈妈的照顾，妈妈能够理解他的需要、他的心情以及他的渴望。她总是能够对他的需要做出响应，跟他一起兴奋，同情他，并关注他的痛苦。虽然从生理上来说，他注定会在身体方面逐渐独立，例如7个月的时候会爬，1岁的时候会走，但是在心理上，他还很无助和贫乏，无法表达自己的愤怒和独立。即使在他可以走路之后，他仍然需要有人在旁边抓着他的手防止他摔倒，而这个人通常是他的妈妈。她看着他，向他伸出手来，抱他起来，给他拍掉身上的灰尘。他和她之间已经建立了一种亲密的关系，使他们就像一个人一样。然而，在某些情况下，他们这种亲密的关系开始慢慢变得疏离，并在某个时刻，他们会痛苦地分离为两个独立的人。这是因为他现在开始能够表达自己的心情、满足自己的需求了。这通常是通过说“不”来实现的。

传统上，人们把这个阶段叫做“可怕的2岁叛逆期”。在这个时期，孩子们忽然发现了他们自己潜在的巨大（负面）能量。大多数父母不得不拿出百倍的耐心来应付这可怕的2岁。可是大多数父母又会惊奇地发现，他们的孩子在24个月大的时候其实是非常可爱的。当然，从18～21个月大的时候也会比较艰难，因为这个时候的孩子非常任性，坚决要按照他们自己的方式做事。但是另一方面，父母对此并没觉得有什么不妥，因为这对孩子来说，是一种全新的感受，所以父母们觉得2岁以前的孩子还是蛮不错的。与此相反，在2岁半左右再次出现的侵犯行为和愤怒情绪似乎更加故意和任性，甚至是“蹬鼻子上脸”。这些现象让你精疲力竭。托儿所的老师或者保姆似乎不会像父母，尤其是妈妈那样对这个时期的孩子产生如此强烈的反应，特别是那种不高兴的感受。

此时，你对小男孩儿的过度活动和自主要求如何应对就显得非常重要了。父母经常会跟小男孩儿生气，而对小女孩儿则不会。为什么呢？与女孩儿相比，男孩儿在父母和看护人那里会诱发出哪些不一样的反应呢？

男孩儿更容易受到挫折

男孩儿的活力要高于女孩儿，但是他们在语言发展方面要落后于女孩儿。他们更容易受到挫折（很大一部分原因是他们没有像女孩儿那样较早地获得口头语言）。而且他们非常专注于自己的游戏，而不像女孩儿那样经常查看成人的反应，所以他们显得不那么在乎成人的反应。所有这些都会令父母感到不舒服。一般来说，小男孩儿似乎比小女孩儿更容易表现出小脾气，结果就会惹父母生气。在这个阶段，男孩儿的生活中将会出现很多这样的爆发点。

在婴儿早期，活力的水平更多是由气质，而不是性别来决定的。然而，从10个月的时候开始，某些性别趋势开始显现：一般来说，女孩儿比男孩儿更倾向于抱怨。性别之间的这一点小差异在1～2岁之间逐渐变大，并持续扩大，直到学龄期。在学龄期的时候，无论什么气质类型，大部分男孩儿都比女孩儿好动。这种情况可能不会百分之百地出现在每一个男孩儿和每一个女孩儿身上。你们家的男孩儿可能非常好静、好脾气。同时，也有很多女孩儿非常好动。但是一般来说，这个年纪的男孩儿跟成人的对抗多于女孩儿跟成人的对抗。跟女孩儿相比，一群男孩儿在一起的时候会有更多的争吵，他们更难适应不同的情境，更容易出现紧张气氛，更愿意相互嘲讽，更加专注于他们想要的东西。男孩儿这种独特的专注性需要父母从单纯满足他们的需要转变到设法应对他们的活力水平上去。

没有“坏孩子”：活力显现的男孩儿

当我来到拉斯提的奶奶家楼下一间娱乐室探望拉斯提一家的时候，他一直都在微笑。他有23个月大，健康而又强壮。当妈妈周末出去工作的时候，他绝大部分时间都待在奶奶家里。但是，现在是暑假里的一个周末，所以妈妈、奶奶，还有访客，都在关注他。他立即抓起一个绿色的大健身球，然后一边拍它，一边嘴里还喝着拍球的节奏，念叨着“嗨、嗨、嗨”。过了一会儿，他扔下球，开始“跳舞”（他奶奶认为是在跳舞）。他有力地一上一下地跳动，显然很高兴。他跳了足足有一分钟。然后，他飞快地朝前跑去，屁股坐到了地上，下面垫着地毯和他的尿布。他继续整个舞蹈程序，而他的两位仰慕者（妈妈和奶奶）一直在看着他……不断地嘱咐他小心点儿。

拉斯提的活力水平随时都有可能突然演变成一个麻烦。他跑到我笔记本电脑亮着的屏幕前，充满了好奇，他的手指非常想触摸电脑闪亮的屏幕。他突然停了下来，说道：“不碰。”显然，这是“不要碰”的意思。他妈妈解释说，“不碰”是拉斯提称呼所有电脑的名字，因为每当他想要碰电脑的时候，他就听到大人告诉他“不碰”。有两次，他就像着了迷一般，被强大的诱惑吸引过来，再次接近电脑。但是，他只是重复着“不碰”。他能够用语言表达想法。这表明，通过用词语提醒自己应该做什么，他已经开始能够控制自己的冲动行为了。然而，只是过了一小会儿，他就从屋子一端扔过来——我真的是说扔过来——一个网球，正好砸到计算机屏幕上（屏幕没有坏）。

拉斯提扔球的行为提醒我们，这个年龄的男孩儿已经足够强壮了，有时候他们能准确地做一些明显的破坏活动。幼儿还无法理解因果关系。因为他无法预见他的行为可能带来的后果，而且他非常任性，所以他可能会弄坏一些对成人来说很重要的东西，或者把手伸到烤肉架上或者伸进一盆热水里。父母必须一直看好男孩儿以防止他们被自己的能力所伤害（就像武侠里面的七伤拳）。父母必须努力对各种可能做出准确预期，既是为了保护那些玻璃器皿和瓷器，也是为了保护孩子的善意和好心情。

拉斯提的奶奶帕姆在这件事情上做得非常棒。在这个娱乐室里，所有可能会被打碎的东西都已经被挪走了，或者放得很高，是拉斯提够不到的地方。拉斯提能够够到的东西就是铺着地毯的地板、沙发，和几个塑料的玩具箱。房间里的这种布置并不是最完美的。虽然有妈妈和奶奶的预防加保护，他不至于伤到自己，但是因为他的胳膊很强壮，所以他仍然能把东西扔到很高的地方，打碎高处架子上易碎的东西。房间的设计以及妈妈和奶奶的预判在一定程度上能够防止拉斯提把东西弄坏，惹大人生气。

令人担心的是，我们对男孩儿的感知和先入为主可能会使我们对他们的意图的理解出现偏差，从而在他们本意并非如此的时候，把他们的破坏行为看作是故意的挑衅行为。当然，他们也会生气，也会搞破坏。就像丹尼尔，即使有大人看着，他也会打妈妈，踢托儿所里的小朋友。我的朋友把可爱的小家伙称作“终结者”，因为他的动作非常迅速，他对房子里各种东西具有极大的破坏性。我在PBS[①]上的纪录片《养育凯恩》（*Raising Cain*）记录了托儿所里的一个场景。在这个场景中，两个小男孩儿隔着墙把砖头扔向墙另一侧的另外两个男孩儿。砖头在墙头乱飞，男孩儿们大叫着狂笑。有人受伤只是个时间问题。然而，他们的意图并不是要伤害某人。扔砖头本身就是娱乐。

可是，在托儿所里的孩子也会互相厮打。虽然不是每天，但是至少有时候会。一位叫做理查德·特伦布莱（Richard Tremlay）的研究人员这样写道：人类没有节制的侵犯行为在2岁时达到高峰，随后会缓慢地但是逐渐地受到控制。就是说，人类先天注定了在2岁的时候要比人生其他阶段出现更多的厮打和相互攻击行为。谢天谢地的是，2岁大的孩子没有一米八高、80多千克重的魁梧体格！

我需要重复一下：18个月到3岁的男孩儿不能理解因果关系，他们无法预见自己行为的后果，但是他们能够表达自己独立的和冲动的想法、需要、沮丧和胡思乱想。当他们抓到和扔出什么东西，违抗了我们的意愿，或者更糟，一边踢别人，一边盯着我们看的时候，他们不是故意的。他们这样做只是因为他们无法控制自己一瞬间的冲动。不过，大多数时候，他们只是充满活力、愿意探索而已。

---

① PBS，全称为Public Broadcasting Service，即美国公共电视网，也称美国广播协会或美国公共电视台。它由354个加盟电视台组成，成立于1969年，旨在运用非商业电视、网络和其他媒体所提供的高质量节目与教育服务，丰富人们生活。——译者注

> 在开车的时候，我们有好几次都九死一生。主要的原因是他天生的独立性，以及我们对其独立性的刻意培养。毫无疑问，他将会是急诊室里的常客，你肯定会在那里见到他的。
>
> ——一个 2 岁半男孩儿的妈妈

当然，在另外一些时候，挫折和真正的愤怒也会真正激发男孩儿的行为。他们当然也会生气或烦恼，这只是因为生气和烦恼的感受完全占据了他们的内心。这个时候，任何一个父母都会感觉到自己心里所升腾起的怒火。

虽然爸爸可能会同情儿子的这种行为，因为他以前也这样过，但是他们慢慢也会发现有时无法忍受。

作为父母，你需要理解的是：小男孩儿所知有限，他们还不能控制自己的愤怒，他们需要训练，但是请你永远不要反击。通常来说，对小孩子的体罚源自我们报复性的冲动。“可怕的2岁叛逆期”这个说法能够提示我们：这种情况只是一个过渡性的阶段而已，它不是某个孩子特有的人格特点，它会随着他心理的发展而自然出现，当然，也会随着心理的发展而自然消失。关键是，我们要把这个阶段看作是过渡到重要的成人品质的桥梁。就像一位爸爸所说的：“我觉得他很像我，意志坚定，但是同时也会冷静观察。”你儿子需要你给他一些鼓励，同时给他一些挑战，他需要你支持他真正地独立自主。而真正的独立自主就是拿掉尿布，去冒险，说“不”，在倒计时的威胁之后更强势地反弹。一位妈妈这样写信给我：“我想，倒数计时的威胁没有用。现在他一边盯着我看，一边干坏事，完全不理会什么倒计时。”好吧，我想这非常可怕。

一位爸爸对我说，在这个问题上，儿子能够开放地表达自己的想法，这让他很放心，“当他真的生气的时候，他愿意尖叫。我小时候从没有那样做过，或者至少由于害怕，我不得不叫两下就停下来”。

对这些小男孩儿来说，能够学会更好地控制他们的冲动并不需要太久的时间。他们会学会的，因为他们爱我们。无数次，父母会对他们进行约束、阻止，将他们抱起、提醒以及责罚。所有的父母都需要给他们2岁大的孩子提供这样的约束和规则。

对我们来说，很重要的是要理解这样一点：虽然他们的感情可能非常强烈，但是他们的意图却不总是邪恶的或者残酷无情的。幼儿只是在体验他们的独立自主或者他们瞬间的愤怒和冲动。“停下”，“不”，“不要那样做”，或者转移注意力，“哦，看这个！”要远远好于对孩子说“你真是个坏孩子”。在18个月到3岁之间，实际上没有所谓的“坏孩子”这一说法，有的只是那个试图证明自己的小男孩儿。

2岁男孩儿开始对生殖器官好奇

在幼儿时期，除了明显的性别特征以外，男孩儿和女孩儿之间在身体上的差异会日益明显。男孩儿的骨骼和肌肉比女孩儿更多、更大，平均高出约2斤，他们也开始展现出更高的活力水平，从而与女孩儿区分开来。然而，对于小孩儿来说，气质仍然起着主导的作用。所以你家孩子是外向还是害羞，是胆小还是无畏，这些特征在定义他的行为时远比性别更加重要。在3～4岁的时候，他成为了“男人帮”的一员，而上述所有这些方面也都发生了改变。

男孩儿在婴儿的时候就发现了他们的阴茎，并经常触碰和拉扯阴茎。根据妈妈们的报告，有36%的1岁孩子会玩弄他们的生殖器官，而男孩儿的比率要高于女孩儿。但是在2岁以前，发现和玩弄阴茎通常只是不经意间的行为，也许尿布使男孩儿够不到自己的阴茎。但是，从2岁开始，他对自己的生殖器官非常感兴趣了，并对别人——包括男孩儿和女孩儿——的生殖器官感到好奇。这种好奇是正常的。

对男孩儿来说，他们经常焦虑地握着他们的阴茎。虽然大多数人——甚至是心理学家——都嘲笑弗洛伊德的观点，但是必须承认，男孩儿关于性别差异的第一个理论，正是弗洛伊德所提出来的，叫做“阉割恐惧理论”。一旦男孩儿看到了女孩儿的身体，他可能就会认为，女孩儿本来也像他一样有阴茎，但是不知道什么原因没有了——可能是什么人把它割掉了——这使他感到焦虑。而且他发现，抓住自己的阴茎会让他感到舒适和快乐。妈妈们说，在学前期，有超过一半的孩子会对他们自己的或者别人的生殖器官进行探索。性别研究者认为，这个比率实际上可能更高（一些妈妈由于担心或者对孩子的行为感到不好意思，所以不愿意向研究人员报告）。

依恋：第二幕

我曾经描述过一个非常冲动的男孩儿。那么，在这个男孩儿18个月大的时候，他与妈妈、爸爸以及其他可能的看护者之间的亲密关系又发生了怎样的变化呢？妈妈与孩子之间高度协调的响应模式现在被一种时聚时散的伙伴关系所代替，孩子此时能够容忍长时间的分离。当然，亲子之间强烈的爱恋和互惠仍然在那儿没有消失，只是呈现出另一些不同的形式。

12个月大的孩子与妈妈重聚时所需要的东西跟一个18个月大的孩子所需要的东西完全不同。明尼苏达大学著名的依恋研究专家艾伦·斯洛夫（Alan Sroufe）说道：“如果你思考一下……你就会发现，跟12个月大的孩子比，18个月大的孩子跟你我更加接近。”他描述了1岁大的孩子在跟妈妈分开几分钟之后再回来时，他就要求妈妈抱一段时间，他哭着爬向她，爬到她的腿上，最后当他躺在妈妈的怀里的时候，他“紧紧地抓着妈妈”。相反，18个月大的孩子只要求抱一小会儿，很快，他就从妈妈的手臂里扭动出来，滑到地上自己站着。

幼儿阶段的男孩儿只是需要知道，当他有需要的时候，他们可以再次跟妈妈、爸爸和其他看护人建立联系。过一会儿，他们就会要求下来并重新开始游戏。他们的游戏可能包含了妈妈，但是现在这更多的是象征性的——例如，假装给她倒果汁。需要注意的是，此时控制游戏的是孩子，妈妈只能等待召唤。

研究告诉我们，游戏的时候，与女孩儿相比，男孩儿察看妈妈的次数更少。当女孩儿在妈妈旁边玩的时候，她们会花更多时间盯着妈妈，需要妈妈提供更多的赞许。这是否意味着跟女孩儿相比，男孩儿对妈妈的需要更少呢？完全不是这样。他们仍然需要妈妈或者其他看护人在旁边。毕竟，他们还很小，还有很多事情做不了，但是他们不再需要与成人进行持续不断的交互。他们对于依靠自己来解决问题更加感兴趣，也需要体验如何靠自己来解决问题。

有一次，当我在托儿所观察泰勒的时候，我发现他放在桌子上的塑料消防帽从桌子上掉了下来，挤到了桌子后面和墙之间很难够到的狭小空间里。要想把帽子拿出来，绝非易事。可是，泰勒选择的绝对是最困难的一种方法。他抻着腰，使劲儿从座椅中间挤过去，想要挤到座椅和桌面之间的狭小空间里去。显然，他希望在那里能够朝下够到帽子，并把帽子拽上来。但是在他拽帽子的时候，他失去了平衡。他发现自己很别扭地被挂在了那里，进不能进，退不能退。看着他的三个成年人都想要给他一些建议。你可看到他妈妈还有幼儿园阿姨的手都在焦急地摆动着，就好像她们想要给他演示解决这个问题的最好办法。但是他没有要求她们帮忙，即使他感到她们想要帮他，他也没有理她们，他就是想要按照自己的笨办法来解决问题。

幼儿通常需要妈妈参与他们的游戏，想让妈妈欣赏他们所做的一切，同时，他们还需要独立自主。他们可能不断地来到你身边，带给你他的玩具，把玩具堆到你的腿上，然后突然跑开，相信你会看好这些玩具。

一位研究者写道：在这个时期，看护人应该作为一种“脚手架式的帮扶者”。可是这说起来容易，做起来难。你不断地在跟孩子互动、旁观、远距离支持他之间进行切换。正常的安全型依恋的男孩儿会不断地让妈妈在远一点儿、近一点儿，然后再远一点儿之间变换。这种变化和心情的切换会让孩子和家长都筋疲力尽。

一些妈妈由于对孩子的需求不知所措，所以开始退缩了。这会使幼儿产生需求匮乏，他可能会变得更像婴儿或者发怒。这是他唯一的方式，用来告诉你他需要你更多的参与。另一些妈妈不能忍受被孩子赶到一边儿，仍然围着孩子不许他们离开。爸爸通常会对这种快速的波动产生愤怒，好像他的儿子在向他挑衅。当父母不能满足孩子所需要的依恋和独立需求的时候，又会怎么样呢？

排便训练：天性与你同在

“有一天，当我回到家的时候，我发现有人把他的名字尿到了车库的墙上。”一位妈妈给我写信时说（她有三个正处于青春期的儿子），“我问他，‘你往车库的墙上撒尿了？’他当然否认了。我又接着说，‘那你哥哥为什么尿出你的名字？下次你往墙上撒尿的时候，不要像写签名一样。’”

因为我早就知道男孩儿会把他兄弟的名字尿到墙上从而使他惹上麻烦这样的事情，但是我还不太确定这位妈妈是怎么知道谁是罪魁祸首的。不过，这并不重要。我之所以提到她的故事，有两个原因。

首先，这个故事表明，男孩儿们通过撒尿获得了一种随性的快乐，而且非常享受这种快乐。这种独特的男性艺术形式有各种变化，从“交锋式”——两个或者多个男孩儿一起，让他们尿出来的尿交叉在一起——到各种“射击式”（指向特定的目标）或者把他们的名字尿到某个偏僻的地方（这是个男孩儿的领域。在这里，男孩儿早期的书写技能超过了女孩儿）。“撒尿比赛”，被用来比喻两个对手之间毫无意义的竞争，这个词语就来源于其字面意思所显示的真实情况：男孩儿们互相比试看谁能尿得最远最久。如果你觉得这没有什么好玩的，那么很显然，你不是男的。

第二个原因是，这位妈妈的语调里有一种自我欣赏和推荐的富有幽默感的务实态度。

如果你的孩子还没有接受过排便训练，那么你听了这个故事之后，可能会感到紧张。但是我想要鼓励你不要紧张——不只是为你，更是为了你儿子。请相信，大多数2～3岁大的小男孩儿都不会拒绝排便训练，因为当他能够朝指定目标撒尿（例如马桶），并能够因此得到你的褒奖和巧克力奖励的时候，他当然不会坚持尿在婴儿尿片里，穿着那个冷冰冰、湿漉漉的东西。在这方面，人的天性是站在你这一边的。每个男孩儿都想成为男人，而婴儿尿片是第一个需要抛弃的东西。

你可以相信儿童的发展规律会跟你一起训练你儿子进行排便。男孩儿在2～4岁的时候天生就有想要控制膀胱和马桶的欲望，而且你还可以充分利用他们天生的体貌特征和爱好运动来激发他们的兴趣，促使他们成功。对于一个男孩儿来说，排便训练是最好的亲身实践机会。即使是最顽皮好动的男孩儿也能够静静地长时间等待完成这项工作，所以你可以放轻松些。

那么，你怎么知道儿子什么时候准备好开始接受训练了呢？大多数男孩儿在2～3岁的时候就可以开始排便训练了，而且你会发现这一点的。因为他们到这个时候想要模仿父母或者哥哥撒尿的方式。有一些男孩儿可能稍微晚一点，要到4岁左右，男孩儿开始的时间比女孩儿晚，持续的时间也要更长一些。所以不要盲目地参照他姐姐或者别的女孩儿的情况。下面是一些提示：

●在两次换尿片之间，他没有撒尿，保持干爽。这表明他的膀胱和肠道已经发育成熟，准备好接受排便训练了。

●他对干爽和清洁表现出兴趣。如果尿片潮湿或者弄脏了，他会抱怨，或者干脆要求换尿片。

●他喜欢你买回家的带“蜘蛛侠”图案的内裤。他认为那是一种激励！

训练过程中的详细技巧取决于你个人的偏好——要选择那些对你、你儿子，还有你们的具体情况都适合的。你可能能够从传统的途径得到一些详细的指导，包括朋友、你孩子的儿科医生以及互联网。关键的事情是，你要看你儿子是否表现出做好准备的迹象——儿童在发展过程中喜欢接受挑战——否则就会陷入麻烦的你争我夺的战斗中。

无论你选择了什么办法，孩子都需要几个月才能掌握这个能力。尽量不要给他施加压力。保持宽容，提供支持，尽量褒奖，提供奖励，有意外的时候要有耐心，任何情况下都不要苛责或者贬低他。尽量让你的努力跟小男孩儿的发育规律吻合。下面是一些辅助的策略：

●男孩儿喜欢动胜于语言。可以解释概念，但是要尽量简短。我曾看到男孩儿拉着妈妈朝厕所去，动作远远快于他们找到合适的词语解释他们的目的。关键是给儿子提供一个表达他的需要的交流途径，而不要要求他必须先掌握语言。越是紧急的时候，使用语言就越是困难。

●男孩儿愿意模仿其他男孩儿和男人。让他跟哥哥或者爸爸一起去厕所或者男洗手间会比跟他讨论更容易让他理解。

●男孩儿喜欢厕所幽默和菜鸟图画书，例如《大家来噗噗》（*Everyone Poops*）和《我们放的屁：屁的故事》（*The Gas We Pass: The Story of Farts*）。除此以外，还有很多其他优秀的儿童读物，这些读物以形象化的语言把上厕所这件事讲给男孩儿听，很受他们喜爱。

●给他一些在家里不穿裤子或尿片玩耍的机会，旁边可以放上小马桶，鼓励他坐在上面。虽然这样可能会把地板弄湿，但是，他不穿尿片的时间越长，学得就越快。

●使他感兴趣。妈妈们告诉我，她们曾把一些好吃的，如小饼干，放到马桶旁边，以此来引诱他。

●当训练遇到强烈的抵抗时，可以暂停一下，然后再重新开始。

达里尔：一个被动的男孩儿

有一次，一家幼儿园的园长向我咨询说，他们园里有一个2岁8个月大的男孩儿，她充满歉意地称呼他为“宝贝休伊”。“他太胖，不成熟，而且太被动。”“他完全无法跟其他小朋友建立友谊，他似乎不知道该怎么跟他们相处。”她还说，他坐着的时候，双腿弯向后边，膝盖向两侧展开，像个“W”的形状。这从发展的角度来说，是一种不成熟的坐姿，因为这种坐姿更适合一个1岁大的孩子，而不是2岁半大的孩子。他坐着一动不动。当园长和孩子的妈妈说起这个孩子的时候，妈妈坚持说达里尔没有问题。她说他一点儿都不被动，“他在家里很聪明，有创造性”。可是，园里的老师们并没有在达里尔身上看到妈妈所说的这些特点。因为他们不知道是怎么回事，所以坚持认为应该对达里尔进行一下检查。

结果，达里尔有高于平均水平的智力，他的语言发展相对于他的年龄也是正常的。没有什么健康方面的原因可以解释他的发展滞后和情感上的不成熟。

他的肌张度也没有问题。可是，他似乎没有控制肌张的神经反射基础。也许，他从未做过这方面的练习。园里的老师们这下被难住了，最后，他们只好让他妈妈跟他在园里一起待一个小时，这样他们就能观察并录下妈妈和孩子一起游戏的情况了。他们想要知道他妈妈跟达里尔在一起时是怎么做的。

> 我儿子喜欢聊天。他聊动画片《托马斯和他的朋友们》(*Thomas the Tank Engineand friends*)，托马斯的家人，托马斯家人的朋友，托马斯最喜欢的食物和托马斯本人。
>
> ——一个 2 岁半男孩儿的妈妈

录像告诉了我们什么？它显示，达里尔的妈妈持续不断地跟他说话。她说的话占了所有对话的9/10。而且，在他说了什么话之后，她笑得太过头了，她老是表扬他“聪明”“有趣”和“简直就是世界上最好的小喜剧演员”。更加令人忧虑的是，她无法理解他所传递的想要独自玩耍的信号。当他移动到左边去自己寻找玩具的时候，她会移动到他的面前，坚持要他跟她一起互动；当他转身朝另一个方向移动的时候，她就会在那个方向上阻止他。最后，他干脆放弃了，坐下来，被动地应付她，努力使她开心，虽然他看起来显然是受到了限制，不太高兴。

很明显，她觉得谈话和基于语言的游戏应该是儿童经验的核心。持续不断的口头交流，她那么多的问题和评论以及达里尔偶尔漫不经心的回答，都让她相信她的儿子得到了来自自己的充分关怀以及语言方面的充分发展。实际上却是，他跟妈妈待在一起的时间太多了，根本没有属于自己的时间。具体地说，他没有时间自己去尝试探索这个世界。不让孩子去探索可能会导致孩子成长的延迟，园长这样强调，然后园长补充道：“现在，每个人都从特殊需要的角度来了解男孩儿，同时，我们也在试图从身体方面，例如感觉运动缺陷方面，寻找合理的解释。可是有的时候，问题恰恰就是我们没有让孩子去做他们自己想要做的事情。”

达里尔的父母离婚了，他爸爸不在身边，他妈妈把全部心思都放在了达里尔身上。可能是源于爱，或者负疚感，又或者二者皆有，只要她没上班，就每一刻都陪着他。她相信，孩子通过与父母互动能够培养起自信和竞争力，她觉得她做了对达里尔来说最有利的事情。男孩儿需要与父母互动交流，这是事实。但是，这种需要在7个月大的婴儿身上和2岁大的幼儿身上是不一样的。**在2岁的时候，他需要独自探索，在这个世界上留下他自己的印记。**

男孩儿喜欢被需要的感觉

男孩儿喜欢被需要的感觉，他们喜欢贡献自己的力量。从很早的时候开始，当你在厨房忙碌的时候，你就可以让儿子给你帮忙了——不是形式上的，是实际上确实需要做的事情。你要求男孩儿帮忙，他会很愿意提供帮助的，而且他会明白这不是什么大不了的事。

当你让儿子帮忙的时候，你实际上正在教育他。在第二章我提到过托马斯·里克纳的书——《品格教育》。在书中，里克纳认为孩子的道德品质有三个部分：心灵习惯、心理习惯和操作习惯。当你形成了好的品格，你就会愿意帮助别人（心灵习惯），你知道在什么情况下需要提供帮助（心理习惯），你会顺从心灵的指引真的提供帮助（操作习惯）。家务事就是里克纳所说的操作习惯。通过让儿子帮忙你可以让儿子体验帮助别人的感觉，同时也是一个让他感受自己价值的机会。这种机会在学校里通常是不会有的。

而且，很容易就可以找到他们喜欢做的工作，例如，洗土豆、挖洞、给你递钳子或者扳手。

当然，对小男孩儿来说，你还必须陪在那儿指导他。这些家务事实际上可以告诉你，你儿子什么时候准备好自个儿干了，什么时候仍然需要你帮忙——不是微型管理，而是见证他的工作、他的贡献。对了，还要感谢他的重要贡献。这不只是对小男孩儿来说的。实际上，在早到你都想象不到的时候，男孩儿就希望你能够感激他的帮助，而且他们会很高兴听你说“谢谢”的。

2岁半是玩具依恋的最高峰

现在，我让你跟我一起进行一项想象练习。请想象这样一幅画面：有一支你最喜欢的职业橄榄球队或者垒球队，球队里这些高大、健硕、活跃的小伙子们肩并肩地站着，都穿着整齐的队服。接着，请想象他们的手里都拿着泰迪熊、兔宝宝和毛绒被。如果你愿意，你还可以想象他们都吮吸着手指，扭动着毛绒被，把泰迪熊贴到脸颊上的样子。我为什么让你想象这样一幅画面呢？因为大多数男人都曾吮吸过手指，而且几乎所有的男人都曾经拥有过毛绒玩具。这个玩具就是他的一切。如果在2岁的时候，他们被别人把自己和自己的特殊伴侣（玩具）分开了，他们会疯掉的。对泰迪熊的依恋——心理学家称之为“过渡客体”——是使他们成为现在强壮而独立的男人的力量源泉之一。每个孩子都会找一个——可能是泰迪熊、兔宝宝，或者毛绒被——虽然他们之间的关系会持续很多年，但是2岁半是孩子与玩具依恋的最高峰。

如果你是2～3岁孩了的父母，你会对小孩子用来安慰自己的这些事情非常熟悉，包括吮吸手指（通常是把一根手指伸进嘴里），玩儿某些玩具或者毛绒被，睡前的摇啊摇，睡前不断地要求这、要求那。孩子不太会调节自己的紧张情绪，因为他们找不到苦恼的来源，也无法表达需要。但是，他们需要找寻一些方式来缓解自己的压力。在很小的时候，例如4个月大的时候，他们就能有目的地把手作为安慰自己的工具，所以你会看到婴儿把拳头放到他的嘴里。此后，你会发现他把拳头改成了手指，最后变成了拇指。有一些男孩儿会吮吸拇指很多年，特别是有压力的时候，这使他们的父母担心这会引起牙齿变形。但是在适当的时候，他可能会换成玩具，通常可能是某个动物或者毛绒被。

在儿童文学作品中，我们最喜爱的一个人物其实就是这样的一个玩具。你还记得吗？这个玩具属于一个真正的英国男孩儿，他的名字叫做克里斯托弗·罗宾。创造这个人物的作家，A.A.米尔恩（A.A.Milne），让这个男孩儿和他的玩具熊之间的友谊被永远传诵。

爱德华·拜尔（熊）出现了，他顺着楼梯，头朝下，一跳一跳地下来。在他的后面，是克里斯托弗·罗宾。据我们所知，这是他下楼的唯一方式。不过有时候，他觉得如果能够不这样一跳一跳的，而是停下来想一想，可能确实还有别的方式。无论如何，现在他已经到了楼下，准备好跟你见面了。这就是小熊维尼。

这位作家的天赋就在于捕捉到了男孩儿和熊之间不可分离的关系，以及玩具如何成为男孩儿幻想世界的中心的。实际上，这种关系已经被小说描述了很多遍，因为孩子喜欢这些故事，而且一些理论家相信这样有安慰作用的角色对于那些希望形成独立自我意识的孩子来说有巨大的帮助。

一个有慰藉作用的特别玩具其实就是孩子第一个可以持续扮演同时又是他独立创造出来的角色。这是什么意思呢？我的意思是说，虽然我们都购买玩具（而且可能买了很多），但是孩子会选择一个他认为独特的玩具，并将自己的生活融入其中。他开始把他的泰迪熊或者兔宝宝当作一个忠实的伴侣，一个令他感到安全的存在，某个为他服务的人。虽然父母可能会尽量给儿子提供一个这样的玩具，但是他本人可能不会挑选那个长得最好看的，也不一定会喜欢奶奶买给他的那个，他只是喜欢自己喜欢的那个。他甚至会爱一个冰冷坚硬的物体，例如玩具小汽车，而不是软软的兔宝宝。这是他的选择，父母必须尊重他的选择。

很快，他的慰藉玩具就成为他的世界中第一个活生生的事物了。它既可以慰藉他，也完全处于他的控制之下。我这里说“活生生的事物”是因为男孩儿的喜爱和希望已经给玩具熊或者毛绒毯带来了神奇的生命。从孩子的观点来看，这种感觉就像：因为我有一个玩具熊可以喜爱，而它也喜爱我，我就不再像以前那样总是需要妈妈了。妈妈和爸爸并不总是可靠的——有时候他们不会关注我，有时候他们让我不高兴——但是我的玩具熊会一直陪着我。它温暖着我，它拥抱着我，我抚摸着它，把它扔来扔去，我还可以揪它的毛。在我们的关系中，我说了算，所以我觉得我在主宰着我的世界。

脾气不好的女孩儿比脾气好的女孩儿更倾向于用玩具来使自己平静下来，男孩儿则与此相反。令人难过的是，当处于较大压力之下的时候，脾气不好的男孩儿会倾向于丢弃玩具或者在其他物体上发泄。研究人员相信，因为女孩儿在认知能力上更加成熟，所以在亲子分离的压力下能够更好地利用玩具来缓解压力。

既然男孩儿这么喜爱他的玩具或者毛绒被，那他为什么这么暴力地对待它呢？为什么克里斯托弗・罗宾走下楼的时候让维尼熊的头不断地撞到楼梯的台阶呢？为什么男孩儿会让自己的毛绒被变得又脏又臭而令人无法忍受，而当你想要给他洗一洗的时候他又不让呢？你要把玩具从他身边拿走还要放到洗衣机里面揉，他当然不乐意了。简单地说，从一个男孩儿的角度来看，他的玩具熊是他最完美的伙伴，而且它就应该是那个样子的，因为它吸纳了他所有的爱以及他的愤怒和怠慢。幼儿明白他有能力伤害妈妈，包括身体上的和情感上的；他知道他能让爸爸发疯，虽然即使那样会很可怕。对这个年龄的孩子来说，最可怕的事情就是让父母生气，然后他们会抛弃他。在他和玩具熊的世界里，玩具熊远比妈妈好，因为你可以对它为所欲为，而它对你始终不离不弃。

在感情上，玩具对一个孩子来说会变得非常重要。重要到什么程度呢？如果妈妈把它放错了地方，他会跟妈妈大发雷霆，甚至妈妈无法抚慰儿子因此造成的感情损失。虽然妈妈的爱也有帮助，可是他还是必须把玩具熊找回来。从心理学的角度来说，孩子对失去玩具熊产生的反应的大小可以用来测量这个玩具对他的重要程度。

我认识一位妈妈，她儿子非常喜欢一床婴儿被，这床婴儿被已经碎成了脏兮兮的碎布条。她曾试着更换一个，可是他拒绝替代品。她只好尽可能地等待，不过，到了他3岁的时候，几乎都没剩下什么了。她有办法吗？她出去买了完全相同的布料回来——的确很难找——然后做了一床新的被子给他。在新被子的一侧，她缝了一个口袋，口袋里面装着他最爱的那个已经快没有了的旧被子。只要他愿意，他任何时候都可以打开口袋，看到他那个神圣的遗迹。他开始有点犹疑，不过最终接受了这个替代品，让它来继续慰藉自己。

大多数父母都见过并理解儿子对自我慰藉的需要，尽量不去管儿子吮吸拇指或者其他动物玩具的行为以避免跟儿子发生战争。有爱心的父母凭着直觉了解了儿子第一个钟爱的玩具对他有多么重要，以及这对于儿子的独立性和安全感的培养意味着什么。即使要时刻看好它，把它放到正确的箱子里，然后再找到它是一件累到脖子疼的事情，她们也会尊重儿子对它的爱的。

每个男孩儿都有一个慰藉玩具吗？不。有些男孩儿——我也是其中之一——坚持借助于他们那可靠的、不容易丢失的拇指；其他男孩儿则找到了不同的方式来安抚自己；此外，还有一些男孩儿则靠一系列玩具——一些男孩儿每天换一个，甚至是一件特别喜欢的衣服——来陪伴他们，而没有形成上面我所描述的那种依恋关系。然而，绝大多数男孩儿在1～3岁的时候都跟某个慰藉玩具形成了这种强烈的依恋关系，然后这种强烈的深厚的依恋关系逐渐消退。玩具熊在架子上待的时间会越来越久，或者只是被用来当作睡觉用的枕头了。我经常希望父母能够理解，当他6～8岁了，或者更大的时候，仍然要保留着玩具熊或者毛绒被，甚至是其他什么东西的现象。这并不表明他不成熟或者脆弱。

如何克服恐惧?

无论是对昆虫、下水道、厕所的恐惧，还是对某种食物的恐惧，小孩子总会先形成恐惧，然后克服恐惧的。

你该怎么做才能帮助儿子呢?

●不要惊慌。（如果惊慌了，说明你觉得这可能会成为儿子的恐惧对象。）如果你对他的恐惧感到担心，那么他就会这样想：“哇！这确实是值得担心的事情啊！”然后你的儿子也会担心起来，这更加剧了他的恐惧。

●尽量从儿子的视角来理解问题。有孩子的一个好处就是，你可以从一个全新的视角来观察世界。比如，如果你儿子害怕下水道，你就试着用“第一次”的眼光来观察，你会发现下水道的确是一个咕咕作声的吓人的黑洞，好像要把所有的东西都吸进那个漆黑的地方，你不知道它从哪儿来，也不知道谁在下面等着呢！

●请理解：孩子有恐惧的对象是合理的。这是他不成熟的认知能力，经验缺乏，富有魔幻色彩的想象的产物。

●用魔幻打败魔幻。用积极的态度和魔幻的仪式来使孩子获得魔力感，从而帮助他平静下来。然后认真地做给他看，对床下进行详细的搜索，看看有没有怪物，或者盯着下水道看一会儿，确定所有可怕的东西都已经被成功地赶走了为止。

●不要担心“屈服”于他的恐惧。有时候，父母觉得如果他们承认了男孩儿的恐惧，并做出响应，那么他们就“屈服”了，并会进一步强化那个非理性的恐惧，从而使恐惧越来越大。这种担心实际上假定了孩子是静态的，不会进一步长大。实际上，随着年龄的增加，你儿子很有可能会忘记这些恐惧。他所记得的就是当他害怕和需要帮助的时候你是怎么对待他的。

●勇敢点儿，温柔点儿。这是你对恐惧的态度——既承认他的恐惧，也承认你的不恐惧——这会帮助你儿子克服恐惧。类似“你不用害怕”这样的话没什么用。试图让孩子不要害怕之类的语言真的没有什么帮助。接受并肯定，不要不以为然。

●把每一种恐惧都当作是暂时的。借用一句俗语：“风雨过后总会天晴的。”

话语也会伤人

人们在批评别人的时候经常说“用你的嘴，不要用手”。这句话忽略了一个事实：话语也会伤人的。它假定儿童会简单地把愤怒的冲动转化成温和的话语。它让我们回避男孩儿的真实感受。而当他们想要表达真实感受的时候，经常会选择一些我们不喜欢的话语。一位爷爷给我讲了他孙子洛根的故事。洛根就发现自己陷入了这样的窘境。

洛根那时候正好3岁半。这一天，他正在好朋友多恩的家里玩。他当时正在玩一根蓝色的塑料垒球棒。突然，多恩毫无预兆地把球棒抢走了。洛根用他的拳头进行报复。多恩的妈妈正好在旁边，她做了一件正确的事情。她首先走向了挑起事端的多恩，说道：“多恩，你不能从洛根手里抢走球棒。如果你想要玩，你必须征求他的同意，你必须按照顺序等待。你不能像刚才那样去抢。”然后她转向洛根说道：“用你的嘴，不要用手。”

洛根毫不迟疑地转向多恩，盯着他的脸说道：“去你的！”

男孩儿并不总是会使用我们希望他们使用的那些语言。但是如果你仔细想一下这件事，如果你告诉洛根“用你的嘴”来说，你又期望洛根会说什么呢？他会说类似“多恩，你从我手里抢走球棒不太好，我对你很失望”这样的话吗？可能不会。对洛根来说，他的火气不会因为成人的介入而消退。他还有话要说。男孩儿通常不会拐弯抹角，他们喜欢直截了当。

当然，我们需要训练任何年龄的男孩儿在任何情况下都不要咒骂和羞辱别人。我相信文明社会和有教养的社会，我们不能总是到处跟别人说“去你的”。由于这样的原因，我们经常对成长中的男孩儿所使用的话语感到失望。这些话语通常太过于露骨、粗鲁，充满火气。所以，我们完全可能仅仅因为他们所说的话而感到焦虑，仅仅对他们所使用的语言感到不满，而忽视了他们实际上是在诚实地表达自己的感受，他们只不过是在使用他们自己的方式而已。

如果你将要养育一个男孩儿，甚至是个友好的男孩儿，你就不能总是责备他所使用的话语而忽视他的感受——特别是他按照你说的做了，但是用了他自己的方式。否则，男孩儿会感到沮丧。我们竟然是伪君子，因为我们实际所说的并不是“用你的嘴”，而是“用友好的话说”，只不过我们没有明确地说出来而已。接着，我们会抱怨，“男孩儿不会表达他们的感情”。嗨，其实他们会的。

当你儿子在3岁半到18岁的任何年龄阶段生气了，并诚实地表达了自己的感受，你必须体谅到他真实的感受。如果你在养育男孩儿，你就不能吹毛求疵——你不能因为一些粗鲁的言辞而失去信心，你必须了解你儿子内心激荡的感情。当他说了什么粗话，缓一下，表示你听到了，然后看着他的眼睛，告诉他："我知道你在生气。你有权利生气，但是你能不能换一种方式说出来？"然后，他可能会按照你说的方法做的。

语言：不同的时间表，相同的挫折经历

有两件事情会让幼儿感到从父母那里独立了：他身体上的能动性和他的语言。男孩儿获得了自我表达的能力对他来说是一个重要的解放，因为这意味着他不再需要妈妈或者爸爸陪在身边来解释他的需要了。他可以说他想要什么，他可以使别人理解自己，而且他可以说"不"。语言有力量，同样，语言也会带来很多的挫折。

儿童何时掌握语言跟个体发育有关，并且有很大的个体差异。掌握语言的时间早晚还有性别差异，女孩儿比男孩儿早一些。一些女孩儿在15个月大的时候可能就会流畅地"咿咿呀呀"了，2岁的时候就能说出可以理解的3～4个词组成的句子了。有的男孩儿说话也比较早，而另一些男孩儿在2岁的时候可能仍然不能说话，只能用动作示意，他们直到2岁半都不太会说。总之，个体发展过程中有巨大的差异，这也造成了一些父母的担忧。

到了18个月，儿童平均能使用10～20个词；到了21个月，他肯定拥有了20个或者更多的词语，包括人名，并且开始说双字词了。例如，拉斯提把电脑称

作“不碰”。到了2岁，他可能会把3～4个词组合成一个句子，并开始使用代词，例如我、你、他等。不过，通常代词的使用要晚一些，所以他在称呼自己的时候还是叫自己的名字，如“拉斯提要喝”。

> 我知道他这个年纪对我们来说是一段很宝贵的时光。晚上，当一切都安静下来了，他坐在我的腿上，或者我们把房间的灯关上，我们一起坐在圣诞树旁边，或者我们趴在窗户上，一起数街上的汽车，这个时候，我感觉我们的心贴得如此之近。
>
> ——一个 2 岁半男孩儿的妈妈

当家长发现他们的男孩儿不能像别人家的女孩儿那样很快地掌握语言，甚至比别的男孩儿还慢，他们就会担心。我们都希望我们的孩子能够正常地成长，所以任何看似发育迟缓的现象都会令他们紧张不安。但是，对于男孩儿来说，语言发展缓慢的问题更加特别，因为许多父母都知道男孩儿比女孩儿更容易出现诸如自闭症之类的问题，而自闭症出现的首要症状就是用语言进行交流的能力出现显著滞后。

不要因为男孩儿的不驯而惊慌

看着自己的儿子在操场上打别人的头，一点都不好笑。因为看到了会很难堪，而必须上前阻止，也会让你尴尬得不好受。这对你来说已经够受的了。我妻子特里萨说，她清晰地记得有一次坐在公园里听到一群女孩儿的妈妈在用希腊语交头接耳地评论着其他男孩的行为，特别是当男孩儿们冲动不驯、惹是生非，或者无法控制的时候。在美国，很多人都会互相比较养育水平。令人遗憾的是，有很多父母更愿意评论别人，而不是提供帮助。对那些“不能控制她们的儿子”的妈妈来说，社会压力是真实存在的，而且这种压力会让她们感觉非常糟糕。

拥有一个朋友，特别是一个有稍微大一点儿的男孩儿的母亲作为朋友，对你会很有帮助。她可以很现实地评价你儿子的行为，而且还可以为你养育儿子提供支持。你不应该觉得你儿子的冲动不驯或者好动多事是你的错，或者意味着他将来长大以后会成为冷血杀手。几乎可以肯定他不会。如果在操场上玩打架游戏和打别的孩子是将来攻击行为的征兆的话，那么大多数男性都将成为谋杀犯，而实际上他们不是。不要受别人的影响而产生错误的想法。

当你在想办法应对儿子的活跃和偶尔愤怒的时候，你应该记住三件事以避免惊慌失措：

●在这个年纪，不停地动不是将来犯罪行为的征兆，你不必担心这会演变成什么不好的行为。

●偶尔地发脾气和有攻击行为是正常的，随着时间的推移和理解的加深，加上你的帮助，这些问题都会得到很好的控制。

●你儿子需要你帮助他准确地分辨什么是活动（应该得到鼓励），什么是攻击（应该阻止并安抚）。如果你不能分辨，那么他就更不能分辨了。

如果你让你2岁大的儿子成为有修养的人，那么他就会成为有修养的人，让他学会控制自己的冲动是一件困难的事情，但是他真的想成为你眼里的好孩子。你掌握着世界的天平，要学会使用它。当他还小的时候，他的世界需要一致性，这样，这些期待就会深深地根植于他人生中这段最充满野性的时期。

自闭症和言语障碍

自闭症是一种严重的交流障碍和社会适应性障碍。男孩儿出现自闭症的比率是女孩儿的5倍还多。自闭症的发生率一直在上升（现在大约每250个新生儿中就会有一个患上自闭症）。儿科大夫通常在18个月到3岁这段时间开始对患有自闭症障碍的儿童做出诊断。它是在智力缺陷和脑瘫之后，第三个最常见的发育性障碍。有下列症状的男孩儿都应该引起医生的注意：语言程式化或者重复词或短语，语言贫乏单调，拒绝改变并愿意独处，不喜欢父母或其他人抱着，或者好像没有恐惧或不知道疼，跟别人几乎没有或完全没有目光接触，对物体着迷。自闭症的早期诊断是很关键的。对自闭症的儿童来说，早期干预会给他们的生活带来显著的改善。

许多父母认为，说话早并且语言流畅的儿童不会患有自闭症。他们基本上是对的。不过，对自闭症的恐惧仍然会让父母们忧虑。问题是，所有的儿童都曾经喜欢程式化的语言并拒绝改变。也有很多时候，幼儿拒绝大人的拥抱，并从你的胳膊中间挤出来。有时候，大多数小男孩儿都会回避目光接触，而对玩具着迷。所以，那些正在寻找预兆的父母就会紧张起来，以为可能在儿子的行为中找到了什么需要担心的东西。实际上，某些我们后来以为是男性特征的行为特点也会在自闭症男孩身上看到。一位英国的自闭症研究人员，西蒙·巴伦·科恩，认为自闭症的男人只是具有一种很糟糕的男性特征。这就是为什么一定要记住某些男孩儿的语言能力会比女孩儿和其他男孩儿发展得晚一些的原因。语言发展迟滞本身并不是诊断自闭症的充要条件。

在2～3岁的时候，许多儿童会出现发音困难，也会出现理解困难。某些儿童可能会口吃。这些都是正常的。通常，只要我们等上一段时间，他们的言语问题就会消除，并稳定下来。不过，口吃是有性别差异的。男孩儿出现口吃的比率高于女孩儿，女孩儿自发康复的比率也高于男孩儿。

男孩儿的语言之殇：无言以对！

在美国的全托幼儿园，有一句警示语每天都要被说上一百次：“用你的嘴，不要用手！”特别是当幼儿园的老师把两个打架的孩子拉开的时候，一定会说这句话。可是，如果你说不出来，又该怎么办呢？或者当你非常激动的时候，你本来能说却突然说不出来了，怎么办？当别的孩子都能说，而你自己却说不出来，你又会做何感想？当大多数发展较快的女孩儿在15～18个月大时开始流畅讲话的时候，大多数男孩儿还没有什么说话的迹象呢。直到他们拥有了10个词语组成的基本词汇量，他们的妈妈能够连听带猜了解他们的需求的时候，他们在家里的生活就没有什么问题了。可是在幼儿园，情形就大为不同了。那些语言技能更加成熟的孩子如果需要什么，他们可以更容易地得到满足，并且他们可以对那些还不能流畅表达的孩子颐指气使。当孩子身体的活动能力以及自信心增长以后，孩子之间的冲突就不可避免了。很多时候——绝大多数时候——儿童没有能力用语言来解决矛盾冲突。

当我的儿子威尔（现在16岁）18个月大的时候，我们把他送到一个很大的、很可爱的幼儿园。幼儿园里有大大的屋子、高高的天花板、大量的玩具，以及较好的师生比率。前4个月，他过得不错。可是，当他上了2岁的班级时，问题就出现了。威尔的言语发展有点迟缓。他不能流畅地讲话，无法让别人理解他的意思。他有一些词语，我们作为他的父母，能够听出来，可是在有压力的情境下，他就不会说了。他是一个温和有礼貌的男孩儿，当另一个孩子从他手里抢走玩具的时候，他不能说话、不能反抗，可是他可以反击，他开始咬人。

虽然当幼儿园的老师跟我们谈过了威尔咬人这个问题之后，我们立即开始与幼儿园的管理员合作，但实际情况是，当你的孩子在幼儿园咬人，你就开始了与时间的赛跑。我们开始给威尔做检查。我们找人咨询了他的语言发展迟缓问题，然后把他送到了一位言语矫治师那里，这还没完。有一天，他跟一个很自信的小女孩儿发生了冲突，他抓破了人家的脸。结果，我们的儿子被逐出来了。

很多家长给我写信描述了类似的故事。如果一个受挫的、冲动的男孩儿没有足够的词汇量，无法自如地表达自己，那么他在很多学前幼儿园的环境下都会出现困难。我问过《聪明的宝宝学手语》（*Signing Smart with Babies and Toddlers*）这本书的合著者之一——米歇尔·安东尼博士，什么样的家长会去上她的婴儿手语课程。

“了解婴儿手语的家长通常从1岁以前就开始学习了，大约是在8～10个月大，”她说道，“然后就是那些‘惊慌失措’的家庭，大多数是有男孩儿的家庭，在孩子15个月大的时候开始涌入我的课程。因为他们发现，虽然他们的孩子是这么聪明，可是他不会说话！”他受到的挫折，他们也感受到了。

她说，妈妈们经常在儿子跟一起玩的伙伴出现诸如打、咬、扔东西和发火之类的社会攻击事件之后来找她。她们不仅担心儿子以及其他孩子的安全，还有些不好意思。“那些爱说话的小女孩儿都在玩，而那些男孩儿们则在互相伤害，”安东尼说道，“作为父母，你不能很好地控制这些情况，所以这令你感到很尴尬。”

在她10个星期的课程中，安东尼努力教给孩子25个美式手势语，其中一些跟孩子有关，例如“球”和“扇子”，而另一些则是父母希望孩子掌握的，例如“牛奶”“完了”“床”和“停”。她还能教孩子用手做一个微小的指向动作，然后把手指转过来朝向自己，表示“该我了”，如果指向别人，表示“该你了”。如果妈妈看到她的儿子用手势语向另一个孩子表达“该我了”，另一个孩子可能不能理解这个手势，不过他可以预感到要出事了，这样就可以提前干预一下以避免冲突。

安东尼认为，在这个年纪，你可以把所有的行为问题看作是语言问题。虽然我并不完全同意这种观点，但是至少有一部分是对的。例如，一旦一个3岁的孩子有了足够的词汇量，他的言语足够清楚并能够让别人听得懂，那么，他打妈妈的念头、发火的机会、在幼儿园打小朋友的事情就会大量减少。如果一个男孩儿过了3岁，在有正常的词汇量并能够让别人理解他的言语的情况下依然试图打人，那么，这时候就应该跟他的儿科大夫谈谈了，他可能需要一个更加正式的检查。

在这么小的时候，男孩儿过度的攻击行为可能能够通过家庭治疗或者“游戏治疗”的途径成功解决。《游戏力》（*Playful Parenting*）一书的作者、心理学家、家庭和游戏治疗师劳伦斯·J.科恩（Lawrence J.Cohen）解释道，在“游戏治疗”中，治疗师用游戏作为媒介，通过游戏男孩儿可以表达他说不出来的感受。科恩强力倡导亲子游戏和自由游戏在儿童生活中的重要性，他特别指出这种游戏对小男孩儿来说尤其重要。

“游戏是孩子跟其他人建立联系的途径，游戏还是儿童连接语言和感受的桥梁。”科恩说，“游戏是他们表达自己的途径，特别是那些他们无法用语言表达的最深层的情感体验。在他们能够‘用他们的嘴来说’之前，他们可以通过游戏象征性地表达自己。即使是口语能力很强的男孩儿在压力、受挫或者生气的情况下也会出现说不出来的情况——这时候恰恰是他们最需要表达的时候。”

让爸爸参与进来，不要旁观

在儿子18个月大以前，有时候，那些真诚地希望参与到儿子生活中去的父亲会发现，即使他们的工作没有忙到没有时间照看儿子的程度，他们也会被母子之间的亲密关系排除在外的。

小孩子会跟很多人建立深切的依恋关系，记住这一点很重要。虽然依恋对象的人数不是无限的，但是在1岁以前，有三个核心人物，通常是妈妈、爸爸和年长的哥哥或姐姐，此后，有越来越多的人会进入到这个圈子里。这个圈子的最里层通常是妈妈、爸爸和一个看护人或者某个哥哥或姐姐，逐渐扩大并包括进他其他的哥哥姐姐们、叔叔舅舅们、姑姑和姨们、家人的朋友们，然后是老师们。但是有一点很重要，需要你记住，你儿子希望自己来控制这个圈子的范围。一旦他度过了婴儿期，一旦他可以行走了，他就想要选出他主要的依恋对象，他想要根据自己的兴致来提升一些人，而降低另一些人在圈子中的地位。

通常，在18个月到2岁的时候，他想要把妈妈降级，而提升爸爸，或者在如何利用妈妈和爸爸方面进行区分。为什么？因为他已经足够大了，他可以做到这些了，因为这是他宣布从妈妈那里获得独立的一种方式，因为他已经发现了自己的男孩儿身份，已经开始以全新的方式获得爸爸认同了。

爸爸们，这是你们的一个好机会。你儿子想要模仿你，他希望得到你的认同。这时正是在他心里建立你的地位的时刻。人类的大脑天生就是通过模仿进行学习的，2岁大的孩子会模仿所有的事情。当我们很小的时候，我们看到某人拿起一个水杯喝水，这时我们的手和嘴唇就会不自主地开始模仿这些动作。随着年龄的增长，我们逐渐去除了模仿的冲动，虽然这种冲动仍然存在于我们的身体里。

莉亚这样描述拉斯提和他的爸爸："今晚，我丈夫在咳嗽、清理嗓子。拉斯提立即开始做同样的事情。他还喜欢跟爸爸并排站在浴室里，装作刮胡子或者梳头发。当他来到我父母的房子后，他就喜欢跟我爸爸坐在一起，假装在读报纸或者改文章。"

现在，拉斯提模仿爸爸和妈妈的机会差不多。如果他看到妈妈梳头，他也会拿起他的梳子开始梳头。爸爸和妈妈的词和短语他都会学。但是随着时间的推移，他将会更倾向于模仿爸爸和爷爷。如果爸爸欣然接受这种模仿，如果他把模仿变成一种习惯，那么，他就能为自己和儿子之间的关系创造一块牢固的基石。儿子最重要的认同经验是这样的：我知道我是谁，因为我妈妈爱我；我知道我是谁，因为我跟爸爸一样。

在我的职业生涯中，我接待和采访了大量没有父亲的男孩儿，这令我完全相信，每一个男孩儿都希望有一位父亲作为自己模仿的榜样。18个月到2岁这个时期就是认同感快速发展的阶段。男孩儿希望他们在每一个方面都跟爸爸一样。一位3岁男孩儿的爸爸告诉我说：“我们已经形成了一个习惯。我儿子每天早上把我叫醒，希望我起床，这样我们就可以‘交火’了。”如果你不知道什么是“交火”，那我告诉你，它就是两个男性同时朝马桶里撒尿，让两股尿交叉在一起。对于一个刚刚开始站着撒尿的男孩儿来说，这该有多么好玩啊！

如果你想要成为你儿子人生早期一个有影响力的人物，你就必须参与到那些创造大人物的事情里来，实际上都是一些具体的细节，例如排便训练、控制冲动、判别是非。

爸爸应该利用儿子希望模仿和取乐的特点帮助训练他排便。当你坐在马桶上的时候，让他也坐在自己的小马桶上，你儿子所做的，无论对错，对你来说都很重要。

与你父亲那一代人不同，你可能会发现有更多的男人像你一样亲身参与到了儿子的养育过程中。一位3岁男孩儿的爸爸告诉我说他很满意能够参与到照顾儿子的工作中。不过，这样的父亲并不多。他希望有更多像他一样的男人能够愿意交流一下诸如孩子睡眠和排便训练的问题，就像传统上妈妈们所做的那样。无论你是否找到了志同道合的其他父亲，你儿子都会感激你的重视和交流。随着时间的推移，他会成为你的好跟班，一个能告诉你他需要你为他做什么的率直的顾问。

创造独立游戏的机会

每个男孩儿都需要学会自己玩。游戏是儿童时代最重要的活动，儿童最好的学习方式。最近，我们倾向于把游戏看作是社会性的或者有组织的或者其他你跟父母一起进行的活动。其实不是。最纯粹的游戏形式应该是儿童独自创造一个他所设想的属于他自己的特殊世界的活动。但是，对于一个已经非常依赖妈妈的孩子来说，向独自游戏的过渡时常让孩子感到孤独，甚至有时候会害怕。他会突然察看四周，然后觉得好像被抛弃了，或者需要走到你那里给你看什么东西。那么，你怎么才能教会他自己玩呢？你做不到。他必须靠摸索自己学会。你所能做的仅仅是创造一种情境，一种虽然他是自己在玩，但是你始终陪着他的情境。

一般18个月大的男孩儿在很多时候都需要妈妈或者看护人陪在身边；如果你很担心2岁大男孩儿的安全，所以你必须陪在附近，但是你不要总是跟他互动，你可以坐在那里干你的活（读书、做饭、付账，或者在笔记本电脑上工作）。主动权在于他，包括如何设计他的游戏以及何时需要叫你。如果这个房间很安全，你就不用因为担心他碰坏东西而干扰他了。这样最好了。如果房间里没有电视，他单独游戏的能力就会慢慢地但是稳步地持续增长。

如果你希望一个5岁大的孩子不要老是打扰你，如果你希望一个10岁大的孩子专心于自己的兴趣爱好，如果你希望一个12岁大的孩子能自己做他的家庭作业，最好的预备工作就是在这个年纪给他独立游戏的机会。在心里的最深层，他正在逐步形成一种感受：“当我独处的时候，我很好。我能找到感兴趣的事情。我是一个很棒的有创造力的家伙。”

释放天性：培养一个纯真的男孩儿

户外活动适合2岁男孩儿的发展。户外的空间足够大，可以让他充分释放自己的能量，那里的东西也不会被他弄坏。他是一个天生的科学家。请尽可能地带他出去，包括夏天和冬天。他愿意走多快就走多快，你只要跟着就行了；让他自己去探索，捡起树枝和树叶，弄碎，然后扔出去，随他把身上弄脏。婴儿车对父母来说很方便，但会限制孩子走路和探索。一旦孩子能走和跑了，婴儿车就应该只用来把他带到某个地方，再带回来，或者在他确实累了的时候再用。

彼得是我的一个朋友，他也有一个3岁的男孩儿。他解释为什么从小就尽可能经常地把小诺亚带到户外来，并赤着脚，也不理会他妻子开始时的担心：“我不愿意给他穿上鞋子。他到处跑，她担心他在公园里可能会踩到什么，但是我主要是想让他体验那种真实的接触自然的感觉。人们会问，‘他的鞋子呢？’我会说，‘他今天是哈克·贝里芬（美国著名的童话故事《哈克历险记》中的主角）。’我想让他对自己和自己驾驭物理世界的能力有一种信任感，并通过他的双手和双脚，与物理世界有一个实实在在的亲密接触。”

让男孩儿成为独立的自我

儿子从一个可爱的婴儿变成一个任性的2岁幼儿，对任何父母来说，这都是一个艰难的过渡。对于男孩儿的妈妈来说，看到儿子开始出现违抗、任性，甚至动手打人的情况，有时候会深深地震惊，甚至迷惘。为什么会这样呢？难道大多数妈妈都没有读过或者听过那个“可怕的2岁”的故事吗？为什么当她们的儿子由于成长的原因出现不合理的行为时，她们这么片面主观呢？

我认为，有三个原因可以解释为什么当孩子变成一个小暴君的时候，父母会感到不安。其中两个原因跟男孩儿的关系更密切。第一，孩子日益增强的独立性对于深厚的亲子关系来说是一个意外的改变。第二，行为不端的孩子令你难堪，并遭到其他人的非议。如果你有个儿子，那么其他妈妈的议论会更加苛刻。第三，因为公开的攻击行为通常是女性意识所不能接受或者无法认同的，妈妈通常很难理解和接受男孩儿“攻击性”的爆发。你对儿子独立性的哲学观将会决定你如何应对他成长的这个关键时期。

你跟宝宝所建立的关系在某种程度上可能是你人生中最充实的感情关系了。你是他的世界中心，他也是你的世界中心。他不仅需要不断的关爱，令你精疲力竭，而且他对你的需要和爱慕也是不打折扣的。可是，令其终结的不是你的有意为之，而是你孩子用行动做的声明：他不再像以前那样与你深爱了。这是独立宣言。无论那是通过从你身边跑开的身体行动还是通过动手打你的行为进行的，它都一样令你震惊，就像《美国独立宣言》之于大不列颠王国一样，因为这是你们之间关系的一次革命，它总是伴随着愤怒的感情，有时候还会有愤怒的行为。

无论你儿子的反叛是通过发火还是通过危险的和敌对的行为表达的，你都必须接受其背后的理由，因为那是合理的。你也必须站在他的立场上看待这个问题。他相信他必须通过战斗来反抗一个更有力的权威从而获得自己的独立，即使他还很小，还有需要，还不太定性，也是如此。最后，他将会伤害你的感情，令你感到无助。父母不喜欢无助感，所以有时候他们会错误地粗暴反击，或者也许是不再对孩子投以关心了。无论是哪种，对孩子都是伤害，令他不知所措。

也许你能镇压这次革命。你可以遏制孩子要求独立的愿望。你可以通过不断地挫败他独立的希望，从而将他对你的爱与他自己要求独立自主的抗争对立起来。

即使在你必须咬紧牙关，安静地对自己说“他才2岁”的时候，你也要给他一些独立的空间。当他陷入麻烦的时候，热情地拥他入怀，逗他开心，重新帮他确定目标，跟他一起欢笑。让他感到你那成人的力量和控制力，而不是不断地否定他。

一位妈妈曾对我说：“养育儿子是我所面对过的最艰难的挑战，不过同时也是回报最大的事情。关于他的每一件事都令我着迷。”

接受挑战，享受快乐！

第四章

回归野性：强大的小男孩儿

从3岁到4岁

It's a boy

当他冲着我大吼“你又不是我领导！”的时候，我几乎笑出了声。我简直快疯掉了。

——一个4岁男孩儿的妈妈

我一直把莫里斯·桑达克的《野兽国》（*Where the Wild Things Are*）中的马克思想象为一个大约3～5岁的小孩儿。他就像一个披着羊皮的狼，不断地调皮捣蛋，挑战着妈妈的忍耐极限（虽然我们不知道这对妈妈的伤害到底有多大，但是每一位父母都是有切身体会的），妈妈只好不断地命令他回到自己的房间去。虽然受到约束，他却仍然不愿放弃反抗，甚至在有所收敛的时候，他也威胁要把她吃掉。这个年纪的男孩儿在体验他们的力量。有时候，妈妈会因为他们猛烈的反抗而吃不消。3岁的男孩儿肯定会把你惹急的，因为他这个年纪就是这样的。2岁到2岁半的那个“可怕的2岁叛逆期”还没有过去，这种特点在3岁到3岁半的时候会再次出现，甚至在整个儿童时代的不同阶段都会反复出现。父母需要在心理上做好迎接这些挑战的准备。正如英国伟大的儿科医生，后来的心理分析师，唐纳德·温尼考特在他的书中所总结的那样：

> 我儿子刚刚开始形成和学会表达他那活跃的想象力。最近，我发现参与进他的幻想世界是一个非常有趣和充满魔幻色彩的事情。
>
> ——一个 2 岁半男孩儿的爸爸

正常的孩子是什么样的？就是吃饭、长大、甜甜地微笑吗？不，不是这样子的。如果一个正常的孩子对自己的父母有足够的信心，他就会做出各种意想不到的事情。在这个时期，他对自己潜藏的能量毫不吝啬。他骚扰别人、破坏东西、威胁别人、惹人厌烦、浪费东西、说谎和偷盗。这样说吧，任何会把人送入法庭（或者精神病院）的事情都会被处于婴儿和儿童早期的孩子在家里以正常的方式演练一遍。如果这个家能够承受得起他的破坏，那么他就会安定下来做游戏；但是首先他必须进行这样的检验，特别是当他对父母的态度和家庭的稳定程度有所怀疑的时候（这里我所说的绝不仅仅是家里的房子）。所以他必须在心里获得一种肯定，他是否是自由的，是否能够玩耍，是否能够画自己的图画，是否可以做一个不负责任的孩子。

“正常的男孩儿”是什么样的呢？就像下面这些父母对他们3～4岁的孩子所描述的那样：

话多、阳光、好奇、外向、非常有正义感。

随和、适应力强。人，以及人与人的关系对他很重要。他表面上并不敏感，但其实很有同情心。他不是一个多愁善感的人，我才是。这一点他跟我太不像了。他告诉我要放松，要有耐心。

当他生气的时候，他会打人和大发雷霆。

他不喜欢惊奇。当遇到意想不到的或者令他失望的事情时，他会害怕，会哭泣。

他倔强易怒。同时，他也很快乐，喜欢不停地玩。

当我读唐纳德·温尼考特引用的读者来信的时候，有时候我喜欢把他精美的英文翻译成朴实的美国话：如果你的孩子是正常的，那么他会撒谎、骗人、偷盗、制造麻烦、挑战你的忍耐极限，并且周而复始，不知疲倦。如果你没有通过这些检验，给他提供他所需要的心理安全感，他将会被自己的能量所伤害，他将会失去安全感。即使男孩儿一直都在争取变得强壮和独立，但是，没有哪个男孩儿想要超过妈妈。如果他觉得自己比妈妈更强大，他就会害怕，做出攻击行为，通过这些来寻找其他某个人来重建他对“父母和家庭的牢固性”的信心。

当我的大儿子 3 岁的时候，我们去乐高积木乐园，他穿着草裙。其他的父母看了以后觉得不好看，讲了一些不太礼貌的话。我真想冲他们大吼：“他才 3 岁，不要这样说他。”不过，他基本不会记得，我也不想让他注意到这些话。

——一位两个儿子（3 岁和 5 岁）的妈妈

发展的八条线索

未来的发展

现在，你的儿子是一个独立的个体，他知道你也是一个独立的个体。他知道自己的喜好。他目标坚定，信心十足。他能让你欣喜，也能让你发飙。他还非常清楚地知道：他是个男孩儿。他对男孩儿和女孩儿身体上的差异很感兴趣。

在2岁左右的这段时间，你儿子将要培养起他对男孩的认同感。跟所有的孩子一样，他希望他的爸爸、妈妈把他看作“好孩子”。可是同时，他也对做个“坏孩子”着迷。他和他的伙伴们将花很多时间在一起讨论像超人这样的超级英雄，可是同时，他们也会讨论这些超级英雄们的死对头——“坏的超人”和其他的坏蛋，他会在自己的内心冲动和社会对理想男孩儿的要求之间苦苦挣扎。如果你，作为父母，退后一步，仔细观察一下，你就会发现，你儿子和他的伙伴们正在向更“男孩儿”的方向迈进。

身体发展

男孩天生是一个行动派。他用身体思考，如果他到了一个开放的空间，他就会奔跑。在3～4岁的时候，他喜欢奔跑、攀爬，以此来检验自己的平衡性，此时他开始能够很好地协调各种细微的和幅度大的身体动作了。并且他会在他所发掘出来的任何一种比赛中跟自己竞争，经常会吹嘘自己的成绩：“我最快！”即使男孩儿明知道他们会输，也忍不住要参加比赛。

如果你4岁的儿子有哥哥，那么他就会尽自己最大的力量在所有的事情上跟哥哥竞争，做各种尝试，而当他赶不上哥哥的时候，就会因为沮丧而流眼泪。

这个年纪的男孩儿很快就会成为运动健将。男孩儿将会开始模仿他们所看到的运动员，并假装扮演这些运动员，就像他们玩《金刚大战》（*Power Rangers*）、《蜘蛛侠》（*Spider-Man*）和其他超级英雄游戏一样。

不过，他们此时的竞争性和运动性并不意味着此时的男孩儿已经可以参加有组织的运动项目了。跟伙伴们疯跑和自由的游戏对他们来说足够了，因为4岁时，绝大多数男孩儿都还无法专注地进行运动训练。虽然运动训练令爸爸们感觉良好，因为他们觉得自己在为儿子将来的运动成就铺路，可是实际上，你总是让他干这干那通常会让他焦虑，还不如让他自由自在地玩。他们也不能很好地接受挫折和失败，而这些都是正规运动的必要组成部分。这些挫折和失败会令他们铭记于心。

依恋

3岁以后，一个安全依恋型的男孩儿不用每时每刻都看到妈妈。他已经将妈妈的形象进行了内化，所以不需要妈妈时刻陪在身边。这个时候，虽然早上跟妈妈分开仍然会令他感到不安，但是他可以上幼儿园了。这时候最需要关注的问题是，男孩儿如何允许其他的大人进入到他们的核心依恋对象圈中：托儿所的阿姨、常聘的保姆、姑姑或者叔叔。他掌控着选拔人生中重要人物的权利，有时候他会将对父母的依恋需求迁移到老师身上。他可能还会敞开心扉来寻找一种对他来说可能具有纠正和治疗作用的经历。一个焦虑或者回避型的孩子可能会跟另一个能够比父母更好地理解他的风格和需求的大人建立友谊。依恋研究表明，无论是安全型还是焦虑型的依恋模式，大多数都很稳定，但是在一小部分儿童身上，依恋模式通常会朝着更加健康的方向发展。

3～4岁的男孩儿仍然需要他的泰迪熊或者安全的毛绒被。本章所描述的每一个男孩儿都有一个可靠的、可以随身携带的伙伴，而且他们会骄傲地展示给我看，没有丝毫的尴尬。

社会性发展

热衷于友谊是学前期的特点。在3岁的时候，男孩儿喜欢交朋友。有一些男孩儿已经建立了长达数个星期的稳定友谊。不过，很多男孩儿仍然没有固定的朋友，碰到谁就跟谁玩，所以老师仍然可以让任意两个4岁男孩儿结伴玩儿：“这是你的朋友，他想跟你玩。”并能让他们彼此接受。不过，这种包办的友谊也不会维持太久的。

男孩儿经常需要别的男孩儿来帮助他们进行一项计划。任何幻想中的游戏——经营一个农场，或者进行金刚大战，最特别的是进行一项建造工程——都需要一个团队。你将会看到一群男孩儿开始在一起用砖头建造一座城市、一条赛道，或者一个复杂的大理石滑梯。起初，他们无法协调工作，可能会喊叫着互相指挥，针锋相对：“不对，车库不能放在那儿。”然而，渐渐地领导者就会显现，最终他们会平静下来，形成一支更加安静的、目标更加明确的工作团队。

当他们从3岁长到4岁的时候，他们不会再像以前一样（“你不能参加我们”“走开”）快速地或轻易地就排除某个想加入团队的伙伴了。这个年纪的男孩儿对团队有很强的认同感。幼儿园的老师可以利用他们的这个特点来把孩子们组织起来进行一项需要共同参与的工作。

认知发展

在认知发展方面，3～4岁男孩儿最显著的成绩是他们惊人的英雄式幻想和他们已经开始将幻想与现实进行整合的能力。沃克的恐龙游戏就具有所有这些元素：幻想中暴怒的对手，他的英雄式的反击，连贯紧凑的故事情节，再加上来自古生物学和电影中的一些真实情节。男孩儿的幻想可以在任何情节中使用。在某些方面，这个年纪是一生中创造性最流畅的时期。

此外，还有两个认知方面的突破值得一提：一个是驱使男孩儿不断地问“为什么”的强烈好奇心，另一个是他对过去和未来的意识。他开始能够理解时间的概念了，并试图掌握它。

学业发展

3～4岁的孩子每时每刻都在学习，即使他们不曾接受过任何学前训练，他们也会取得大量的学业进展，他们学习计数，并能够识别一些字母（你可以做一些测验，特别是他们名字里面的字母）。到了4岁，一些男孩儿，特别是生日较早的4岁男孩儿，已经能够写出一些字母了。也许，他们还能用大大的大写字母写出他们的全名。而且他们将会引以为豪：“我会写字了。”他们能把积木按照长短排序，也能按照轻重排序。他们记得的事情数目惊人。所有这些都很有趣，也是自然的，不要过于强调学业。在3～4岁就会写自己的名字，会数数的男孩儿并不意味着他就优秀，更不能预测他将来在学业上的成就。

情绪的自我调控

这个年纪男孩儿的幻想反映在他忽上忽下、忽左忽右的情感中，路易斯·贝茨·艾姆斯把这个年纪的男孩儿描述为“上天入地”：先笑，后哭，经常安安静静，接着却不可思议地聒噪。男孩儿会快速地从一种情绪状态转变到另一种情绪状态。这就是说：男孩儿的气质表现在不同的情况会有很大的差异。你儿子谨慎的气质可能意味着他正处于“上天入地”的上天状态；他快乐的天性又会将他置于入地的状态。他会随时调整。一位爸爸捕捉到了他儿子在一天当中心情的变化：“白天，他跟电影《星球大战》中的黑武士战斗，晚上他牵着我的手，怀里抱着从出生时就一直陪着他的小浣熊玩具睡觉。”

语言的继续发展意味着他将能够越来越好地控制自己的情绪， 越来越安静，越来越严肃，并以这样的方式长大。然而，有一些男孩儿的愤怒和挫折远远超过了语言的控制能力，结果就会继续出现暴怒发火的行为。可是所有的男孩儿，包括那些仍然倾向于发火的男孩儿，都开始明白了一个道理：一个强大的男孩儿需要把自己的真实感受隐藏起来。因为一个表现失常的男孩儿将会遭到他朋友的很多白眼，所以他会尽力让自己跟别人一样。

道德和精神信仰的发展

3～4岁的男孩儿能产生巨大的同情心、道德思考和精神渴求。他们执着于对与错、公平与正义。当一个4岁男孩儿看到一场森林大火的惨况时，他会哭泣。当晚间新闻里电视节目主持人报道一个家庭的悲剧时，男孩儿会专注地收看，然后对他妈妈说道：“他（主持人）是怎么说那些事情的？他怎么一点都不哭呢？”如果父母打架，一个3岁半的男孩儿会责备他们说：“你们那样做是不对的。”

对于一个能说话的4岁男孩儿来说，能够表达他英雄式的幻想，他正在形成中的自我认同，以及他自己的道德标签和精神信仰，是一件非常美好的事情。

自我认同

你不必费力去探究一个3～4岁男孩儿自我认同的形成模式。大多数男孩儿的谈话都是关于他是谁（“我很强大”或者“我是最快的”）和一会儿他将要变成谁（“我是天行者路克——《星球大战》中的主角”）的内容。他在游戏中拥有这么多身份，有人可能就会猜想，这些都跟他自我认同的形成有关。事实当然也是这样。而且他还会幻想长大以后的样子（“我将要成为一名消防员”）。

假如儿子对当个女孩儿更感兴趣，那么3～4岁可能是一个令某些父母感到困惑的年纪。一位爸爸写信给我说：“在有活动的时候，他会装扮得很‘时尚’。我说‘时尚’是根据我的标准，这是艳丽的女子风格——披肩、装饰着金属片的头巾、法杖。我必须提醒自己他是我见过的最‘男孩儿’的男孩儿之一，但是我不敢把我儿子跟眼前这个要去红龙虾餐馆吃饭的戴着金属片头巾的家伙对应起来。”

这个男孩儿是要表达他的性取向还是他只是像普通4岁男孩儿那样在扮演幻想中的英雄呢？起初，这可能不太好说，因为这个年纪的男孩儿通常会被那些可以用来进行幻想游戏的华丽服饰所吸引——是黑武士的面具，还是装饰了金属片的头巾和披肩更让你怒火中烧？——而其他人则可能确实不太确定他们是否想要成为男孩儿。

没有哪个父母曾经想过他们将会需要处理一个4岁孩子的性别认同和性取向问题，但是有一些父母可能有所准备。几乎每次当我来到学前班或者小学的时候，老师们都会跟我讲某个男孩儿铁了心只愿意跟女孩儿一起玩或者只愿意穿女孩儿的衣服，或者有更加少见的情况，有男孩儿声称他是个女孩儿。一般来说，老师们认为，总会有这样的男孩儿出现，而他们将来长大以后可能会成为同性恋，我所见过的绝大多数老师似乎都认为这样的男孩儿是“天生如此”。

关于是应该尽力使儿童遵从自己的生物学性别还是应该允许他根据自己的喜好表达自己的性别模式，并保护他不受社会的非议，目前，这个问题仍然存在争议。大多数学校都要求孩子必须有明确的男性或者女性身份认同。

男孩儿的能量：让父母害怕，让自己受伤

3～5岁男孩儿最核心的棘手问题：渴望力量，有攻击行为。大家都知道，孩子倾向于在父母面前发飙，在陌生人面前端庄。大家也熟知男孩儿会听爸爸的话，却反抗妈妈的话。

依照我的经验，有时候父母会对男孩儿的不端行为无所适从。这主要有两方面的原因：他们没有有效管教孩子的榜样，或者因为不端行为发生在男孩儿身上，他们会产生困惑。如果你在自己的人生中不曾接受过管教，那么你就会

对管教感到陌生。如果你们两个都不知道如何教育孩子，你可以从朋友和邻居、老师，甚至是书里面寻求帮助。我认识很多老师，当3岁孩子无所畏惧地打妈妈的时候，他们会对孩子说：“你不能打妈妈，我不允许你这样做！”老师对孩子所使用的威严的语气向妈妈们证明，你其实是能管得住一个3岁男孩儿的。

> 他仍然依恋我丈夫和我。不过，让我高兴的是，他正在变得独立。
>
> ——一个3岁半男孩儿的妈妈

可是，有时候父母会对男孩儿感到困惑。为什么父母会在是否管教男孩儿的问题上有所迟疑呢？或者，为什么他们会错误地以为对男孩儿的管束太过严格了呢？他们之所以这么认为，是因为他们感到震惊、惭愧，或者困惑：他们震惊，是因为他们无法相信他们那个可爱的宝贝突然变得这么反叛；他们惭愧是因为他们觉得自己不够称职，害怕自己真的养出一个魔鬼；他们困惑是因为无法判定男孩儿做出什么样的“攻击性”行为是可以容忍的，做出什么是不可以容忍的。最后一点很耐人寻味，而且难以回答。父母应该容忍男孩儿的哪些或者多少攻击行为呢？而且你如何区分什么是正常的行为，什么是攻击行为呢？

男孩儿的活动：攻击游戏与真正的攻击行为

这个年纪男孩儿的妈妈最常问的一个问题就是：“我儿子为什么这么有

攻击性？”我马上反问道：“你能描述一下你所说的‘攻击性’具体指什么吗？”因为在很多情况下，妈妈们所说的攻击行为其实都是一个4岁男孩儿正常的、活跃的、渴望展示力量的、冲动的、独立自主的游戏活动。然而，对一个焦虑的妈妈来说，她儿子的行为预示着他的游戏活动可能会导致现实生活中的攻击行为，她想要确认是否会这样。布伦达这样描述她4岁儿子亚瑟的游戏活动：

> 每个东西都变成了武器。我已经跟我的孩子们达成了协议：我们不能买玩具枪、刀剑，或者其他任何种类的武器。他们成长过程中基本上也没看过电视，可他们还是每天打打杀杀。每个男孩儿的家长都说，男孩儿就那样，这是正常的，他们甚至会朝他们喜爱的人射击。可这着实令我发疯。

她的担心是可以理解的。没有哪个妈妈希望养育一个不会管理自己攻击性情绪的男孩儿，到了3岁半或者4岁，他们显然已经能够控制很多愤怒和有意的攻击行为了。同时，他们可能大多数时间都热衷于娱乐。你如何把那些“好的”活动跟那些“不好的”攻击行为区分开呢？这很难。让我们再回到布伦达，听一下她接着是怎么描述亚瑟的：

> 亚瑟——冲撞、打碎东西的狠角色——我这样叫他。他一刻不停地活动。他是一个非常有爱心、惹人怜爱的孩子，可是同时，他就像安了开关一样，要么干劲十足地疯跑，要么躺下睡觉。他的眼睛一睁开，嘴就开

始活动，然后立即起床跑出去。他不睡午觉。他简直就是小弟弟的典型代表——他喜欢跟姐姐们作对，他非常擅长这样。

布伦达想知道如何处理亚瑟过度活动的问题，其中一些活动似乎有攻击性，但是另一些可能没有。“一方面，我觉得他不知道拥抱和亲吻的区别，另一方面他会跳上你的背，爬上你的身体，”她强调，“在他看来，这都是一样的，没有什么区别。”她必须分辨出哪些是对姐姐们真正的攻击行为，比如打碎姐姐们的东西；哪些是假装的攻击行为，比如那些假装用枪射击的游戏。对男孩儿来说，哪些是可以接受的正常的行为，哪些是不可以接受的攻击行为呢？

这些问题很难回答，因为不同的社会和不同的民族对“天生的”——也就是可接受的——男孩儿行为的定义是不一样的。当我访问中东的国际学校时，他们告诉我，在小学课堂上也门男孩儿特别难以管束，因为他们的家庭认为有男子气概的男孩儿就应该是好动的、野性的，并且有点儿反叛的。所以当他们还小的时候，他们的父母并不对他们的行为进行约束。这样的孩子在课堂上会有那么一批。相反，韩国和日本的家庭要求男孩儿对老师高度服从，并且有高度的自我控制。一位生活在巴黎的美国妈妈告诉我说，她在儿子3岁的时候把他送到了幼儿园。第一天放学的时候她去接他，发现他跟其他孩子一起安静地坐在板凳上。当他看到她的时候，他没有像她所预期的那样跑向她，直到他看了看老师的脸，老师慢慢地点了一下头默许之后，他才跑过来。“我不知道老师是怎么做到的！”这位妈妈惊讶地说道。

美国的幼儿教师们对过多攻击行为的担心是有一些原因的。研究人员已经表明，到了4岁，与法国儿童相比，美国儿童来到操场上以后会表现出更多的攻击行为，而且美国的男孩儿和女孩儿都显著缺少身体方面的情感表达。法国儿童会更多地互相拥抱和亲吻。研究者蒂芙妮·菲尔德（Tiffany Field）认为，这是美国和法国父母养育孩子的不同方式造成的结果，特别是法国父母比美国父母更多地抚摸孩子。

跨文化的研究表明，美国父母对男孩儿的养育方式可能有自相矛盾的地方。我们很担心我们家男孩儿的攻击行为，可是同时我们却容忍大量的此类行为发生，从而无意之间对这种行为进行了鼓励。而且，我们不会花时间做一些平静的、和平的活动，例如，像法国家庭那样，经常关爱地抚摸、安静地阅读等。这种矛盾给男孩儿传达了一种困惑的信息，也让很多父母们困惑，到底哪些期待是合理的。

琳达·达尔是一位超过20年教龄的2年级老师。她提供了下面这个简明易懂的标准：

> 我知道男孩儿倾向于好动，但是在好动和居心不良之间，在好动和可憎之间都是有区别的。当他们讨人嫌的时候，应该给他们找点事儿做。你可以积累一些小事，或者可以从另一个角度看一些事情，这样你就不会再责备他的孩子气和调皮了。但是，当他们把别人踩在脚下或者伤害到别人的时候，必须制止他们。如果不这样做，那么你就得不到尊重。

那些将会出现明显攻击行为的男孩儿倾向于在上幼儿园之后表现出这些行为，那些将会比较平和的男孩儿在上幼儿园时则倾向于能够更加自制。部分原因在于先天的气质类型不同，一些男孩儿就是喜欢打打杀杀，而另一些则就是淡定平和。然而气质并不总能解释一切。发育成熟度、父母预期、家教风格，这些因素加在一起，使大多数5岁男孩儿都能够控制他的冲动性和攻击性。

从那些成功地把活跃的、有时候有点儿攻击性的小男孩儿培养成教养良好的大男孩儿的父母身上，我们能学到什么呢？

首先，他们认识到，随着年龄的增长，孩子自然的发展将会帮助他走向成熟。一个3岁的男孩儿完全无法控制自己的愤怒和反抗的欲望。当他们发怒的时候，你就会发现这一点。成熟的自然过程表明，他到5岁的时候会成为一个平和的男孩儿，因为5岁男孩儿一般来说会更有自控能力。你不必歇斯底里地管教他，过度的暴力有时候会适得其反。

第二，他们明白3岁半到4岁的男孩儿是一个出色的运动者。他的绝大部分行为都是受到欲望和展示自己的肌肉力量这种愿望驱使的，而不是受到愤怒驱使的。他想要跑、跳、踢、叫，他行动敏捷。他想要检验自己的平衡能力、新的肌肉力量和不断提高的肢体协调能力。他想要通过冒险来证明自己有多“坚强”。所有这些都是正常的男孩儿行为。

> 令我担心的是，无论是在学校里还是在外边，很少有人会容忍他的玩兴和他的糊涂——虽然我很喜欢他这些方面的特点。不过，我觉得现在就让我改变他，可能不太合适。
>
> ——一个4岁男孩儿的妈妈

第三，他们跟自己的儿子有良好的沟通，所以他们能够在儿子刚刚出现愤怒和沮丧情绪的时候就理解他，并在这些情绪发展到极端之前想办法安慰他。

想要缓解一个4岁男孩儿的怒火可不像对付一个2岁男孩儿那样简单。可是，因为他有了更加复杂的语言能力，所以他能告诉你到底是什么事情让他不爽。虽然他可能不喜欢你给他设定好的方案，但是他也不必再给你制造麻烦或者跟你打架了。他能告诉你原因。如果你能给儿子留一些时间来表达，同时真的注意倾听，那么很多因愤怒而导致的危机最后都会平安无事。

最后，他们能够区分游戏和真正的暴力。拿着玩具枪和激光剑玩不是危险的攻击行为，这只是游戏。当男孩儿挥舞着塑料剑的时候，有人会受伤吗？当然不会。但是，这是否意味着你必须阻止男孩儿之间所有可能具有攻击性的游戏呢？不，因为此类的很多游戏都是所有男孩儿深爱的游戏。男孩儿在3～5岁开始形成社会性的群体，并形成不同的相互作用模式。这些将成为男孩儿整个儿童时代和青少年时期游戏的特点。

对体罚说“NO”

当我访问学校并跟家庭——教师协会的家长们讨论的时候，我经常被问到对打屁股和体罚问题的看法。一位爸爸说道：“我是在皮鞭下长大的，但是我不会把这些用在我儿子身上。不过，我有时候还是会打他。你怎么看？”我告诉他由于各种原因，我不赞成对孩子进行体罚。另一位爸爸告诉我：“我只用过两次皮带，不过毫无疑问这比别的什么方法都更能让他引以为戒。还没有什么办法像这样有效过。”很明显，他是想激发我说出什么比“皮鞭”更有效的备选方法来。

大多数美国家长都曾偶尔拍或者打过孩子。这是他们成长过程中自己的爸爸和妈妈惩罚他们的方法，所以他们在养育自己孩子的过程中也使用了这些方法。在养育孩子的过程中，当孩子做了什么冲动的、反叛的或者有意违抗的事情，几乎不可能没有经历过想要打他的冲动。如果孩子突然跑到了街上，我们会把他们拽回来，经常会拍打他们因为他们的行为太危险了。这使我们感到无助，我不希望他再那样做。当一个孩子极端敌对，似乎他正在挑战我们的权威底线的时候，我们感觉完全被激怒了。我们想让他尊重家长的权威。如果一个孩子进行某种有预谋的反抗行动，我们自然想要增加惩罚的力度以做到与罪相抵，这就意味着打屁股或者“皮鞭伺候”。这些完全是人的正常反应，完全可以理解。

如果父母打孩子是再正常不过的事情了，如果这种现象已经存在很多年了，那么我为什么建议你不要打孩子呢？为什么所有的欧盟国家法律都禁止体罚，甚至在家里也不行呢？为什么美国大多数州都禁止学校进行体罚呢？打男孩儿是“心力枯竭”式的做法。大多数父母在打儿子的时候都感觉很糟糕。这是他们自己说的。他们希望他们有其他办法，可是他们没有。我也同意这一点。

有很多理由建议我们不要打男孩儿，尤其是2岁以下的男孩儿：

●打屁股可能教不会儿子你想让他学会的教训。当你打男孩儿的时候，他对你的愤怒产生的恐惧和他对挨打产生的恐惧可能会完全占据他的内心，使他注意不到你希望他学会的东西。他所记得的东西就只是你是如何愤怒和失控的，而不是事件本身的“对”或者“错”。

●2岁以下的男孩儿不理解惩罚与犯罪的关系。婴儿和幼儿太冲动了，在认知上还没有形成很好的因果概念，他们不理解为什么受到惩罚。

●你在教给你儿子用殴打来解决问题。当你打孩子的时候，你在给孩子树立一个用殴打解决问题的榜样，即使他们短期内可能会服从你，可是从长期来看，他们可能会模仿你的行为，在学校或者你看不到的地方打别人。男孩儿特别擅长模仿父亲，所以自控良好的父亲也会有自控良好的儿子，爱发火、爱生气、容易失控的父亲也会有同样的儿子。

●一旦你使用了皮鞭，你就使其他惩罚方式失去了威力。一旦你开始依赖体罚，其他惩罚方式就会失效。当你提高嗓门或者威胁从他那拿走什么东西的时候，他可能不会相信你。他知道，只有你动用皮鞭的时候才是认真的。所以你已经丧失了大量的、本来可以用来应对不端行为的工具。

●体罚可能会破坏亲子关系，特别是父子关系。虽然打屁股或者踹两脚可能会使你儿子暂时服从你，可是从长远来看，它会导致儿子对你的权力产生怨恨。你得到的是短期的服从和长期的不敬。如果你曾听过我这些年在心理治疗中所听到的男孩儿们的抱怨的话，如果你曾听过有多少男孩儿16岁的时候，等着告诉父亲“你再打我一下试试”，并渴望反击的时候，你就会停手了。

●依赖体罚可能会导致身体虐待和创伤。如果你开始打孩子了，而且你们都对此习以为常了，那么它就会在你们之间失去应有的效力。你将不得不提高强度，有可能会导致虐待和创伤。

当孩子们过于冲动或者出现反抗行为时，还有很多其他办法来令他们铭记。无论男孩儿多么好动、多么淘气，他们都希望父母爱他们。如果他们看到他的所作所为令你们如此不安，如果他们看到你的愤怒，他们将会害怕，并会在将来服从你。

1. 布置好你的房子，这样小孩子就不会制造麻烦了。你可以把抽屉和橱柜锁上，把易碎的东西放到孩子够不到的地方，这样你就能帮助孩子避免破坏东西或者减少违抗你意愿的机会了。

2. 管理、监督和预判。通过警觉的预判，你可以阻止很多小男孩儿可能制造出的麻烦。

3. 用你的语气、你的愤怒和你的义愤填膺，而不是身体的力量来传达你希望儿子学会的教训。除了打屁股之外，你还有其他很有威力的工具可以使用。

4. 你也可以把剥夺特权、剥夺跟伙伴的游戏时间、剥夺看电视和打游戏的机会作为惩罚的手段。有很多方法你可以用。随着时间的推移，你会越来越了解你的儿子，你就会发现什么惩罚手段是最有效的了。

5. 记住，重新引导、夸奖和培养是最好的教育手段。教育最开始的意思就是使某人成为你的弟子。你儿子希望遵从你并得到你的尊重。你不必通过打他使他遵从你。

当你有了打孩子的冲动的时候，可能你也需要让自己“缓和”一下。这很管用。一个男人告诉我他父母经常花时间教育他，他们经常会说“我们看看吧”，然后很久以后才做出决定。他说这对他来说是痛苦的、苦恼的时刻。作为父母，只要我们自己尚且清醒，我们就应该记住我们对孩子有无上的权威。

父子间共同的习惯

很多年以来，我一直在学校进行只有父亲参与的晚间讨论活动。因为在没有家里的大管家——妈妈——在场的情况下，男人们会更开放地讨论他们在养育儿子过程中的困惑。在每次的讨论快结束、需要做总结的时候，我总是让他们说一个他们最喜爱的跟儿子共同拥有的习惯。大多数的此类习惯对爸爸和儿子来说都很自然、轻松和有趣。

有一些爸爸在早上会跟小儿子一起刮脸（男孩儿喜欢把肥皂泡弄到脸上，拿着没有装刀片的剃须刀，学着爸爸的样子在脸上比画），一起看报纸上的连环漫画或者在周末的早上一起煎薄饼。还有一些爸爸会在睡前跟儿子一起读书、看电视，或者聊聊一天当中的趣事。此外，还有一起徒步郊游、露营、打猎、钓鱼、下象棋或者打扑克牌，一起看他们最喜爱的球队的揭幕战，或者在回家的路上停下来回味一下儿子今天的比赛或音乐演奏。

答案都在意料之内。不过，这些习惯体现出父子之间联系感情的方式多种多样。而且即便是那些看似最微不足道的习惯，在男孩儿的生活中也有重要的价值。比习惯本身更重要的是，他们在这些习惯中的体验：这使爸爸觉得就像一个真正的好爸爸，儿子就像一个真正的好儿子。

对男孩儿来说，在爸爸眼里是个好儿子无比重要。男人们可以用最简单的方式证明这一点。

在这些习惯中，父子共同度过的这段时间通常是舒适惬意的，但是需要记住的是，很多男人在回顾过去跟父亲在一起的时光时并不这样认为，特别是当爸爸坚持要跟他们一起修屋顶或者汽车的时候。

有时候，当爸爸要求儿子做什么令男孩儿讨厌的或者感觉繁重的事情的时候，男孩儿肯定会拒绝，因为这一点儿都不好玩。与做这些事相比，他更愿意去打游戏。但是，一旦他全身心地投入到任务中的时候，他就会产生一种自我效能感（觉得自己很能干，很有用）——他实际上发挥了关键作用，帮助爸爸解决了问题，或者就是陪着爸爸一起走过爸爸的世界，而无论是在工作中还是在别的时候。而且，他能看出来爸爸对他的贡献感到很高兴。

这些帮工的机会对男孩儿的心理有深远的影响。男孩儿需要产生自己有用和被赏识的感觉。但是感到对爸爸有用、被爸爸赏识，则是一种更加特别的感觉。

在团体中找到自己的位置

在我来到纽约城市学校屋顶游乐场观察3～4岁孩子在休息时间如何游戏的时候，我发现了男孩们和女孩们截然不同。与很多城市中的游戏场所一样，这个游乐场很小，所以30个孩子显得很拥挤。如果你只是随便一看，就会以为所有的孩子都在一起玩儿。实际上，他们当然没有在一起。有6个孩子——3个男孩儿和3个女孩儿，分别骑着一辆小三轮车从我面前的墙和楼梯之间的狭小空间骑过去。乍一看，他们就像一个小群体。可是，这是假象。当他们设法通过了楼梯之后，空间就开阔起来了，然后他们就分成两拨，女孩儿们绕着游乐场骑，而男孩儿们则折回来，骑得最快的男孩儿，那个3岁的“团队领导者”打头，后面跟着另外两个男孩儿。

实际上，我越仔细观察，就越发觉得，男孩儿和女孩儿很明显地在根据性别组成的群体来进行游戏。有5个爱说话的女孩儿占据着游乐场中心通往楼下的地方，她们偶尔会在绳网上荡一下。几个男孩儿在玩足球，偶尔会互相摔打。在一个方形小屋里面有几个长凳，几个女孩儿坐成一排，另一端坐着一个男孩儿。另一个性别混合的团队有3个孩子——2个男孩儿和1个女孩儿，在绕着游乐场的前端跑。除了跟几个女孩儿一起坐在方形小屋里长凳上的男孩儿以外，其他所有的男孩儿都在进行着某种形式的身体活动。

在这里，我所看到的是以游戏为目的的性别分化的开始。起初，分化的过程是缓慢进行的，在快到3岁的时候，这个过程突然加速。到了3岁的时候，女孩儿已经开始明确表明她们更愿意跟女孩儿一起玩了。“男孩儿太粗鲁了。”她们说。到了4岁，男孩儿成为男孩儿游戏最主要的拥护者，他们也将继续成为性别排他游戏更激进的践行者。“我们不喜欢女孩儿玩的东西，”他们声称，“男孩儿不跟女孩儿一起玩。”

这种强烈的男孩儿观有时候会令父母感到不安，特别是妈妈。她们可能已经形成了一种根深蒂固的观念：男孩儿和女孩儿就应该和谐地一起游戏。因为他们在18个月和2岁的时候就是这样的。对许多人来说，男孩儿和女孩儿的早期协作游戏预示着将来两性之间的和谐关系。他们在游戏中的突然分裂似乎太过突然和随意。是什么原因导致男孩儿只跟男孩儿一起玩，女孩儿只跟女孩儿一起玩儿呢？这个问题很多人都研究过，并且提出了一些理论来解释。

性别定向的社会性游戏

毫无疑问，婴儿主要跟父母一起玩，他们会选择自己喜欢的玩具，而不管玩具是男孩儿的还是女孩儿的。到了1岁，女孩儿比男孩儿更倾向于挑选一个布娃娃，而男孩儿比女孩儿更倾向于挑选一辆玩具卡车。到了2岁，这种性别刻板的玩具选择倾向固定了下来。这个时候，95%的男孩儿会挑选玩具卡车或者传统男性化的玩具作为他们的最爱。不过，玩具选择的性别偏向似乎不是导致后来性别排他游戏的原因。作为朋友的男孩儿和女孩儿可能会并排玩各自的玩具，进行所谓的平行游戏。他们真的没有一起玩，因为从发展来说他们还不会。

你可能会看到一个18个月大的男孩儿和一个同样大的女孩儿站在沙盘旁边。他们把沙子填到一个漏洞里，然后沙子慢慢地流下来，流到一个转动的圆盘上面。虽然他们肩并着肩，却没有任何协作的意愿。他们偶尔会朝对方招呼一下——“看！”来吸引对方注意自己的游戏，希望令对方感兴趣。毫无疑问，他们对对方的存在很享受。他们也许会短暂地做出一些努力来协调彼此的游戏（或者把一铲子沙子倒到对方的沙漏里面，惹恼对方），但是在绝大部分时间里，他们无法把自己幻想中的故事合并在一起。他们唯一的交互性游戏就是，采取追逐游戏或者把球滚过来滚过去的形式。逐渐地，他们将会形成一起玩幻想游戏的能力，或者跟同性伙伴或者跟异性伙伴。能够跟另一个孩子进行协作游戏是发展过程中的一个非凡成就，大多数父母看到他们的孩子跟别的孩子一起玩儿，而不是各玩各的，都会被深深地触动。

可是，在形成协作游戏能力之后的几个月里，男孩儿和女孩儿开始分裂为两个群体。而且，在此后的七八年时间里，他们大多数时候都分开玩。这种分裂非常彻底，以至到了8岁，他们已经生活在完全不同的社会环境里了。《两种性别》（*The Two Sexes*）一书的作者埃莉诺·麦科比（*Eleanor Maccoby*）在书中引用了一项针对8～11岁小学儿童的研究。这个研究发现“跟另一个性别的儿童待在一起进行社会活动的平均时间为零”。零啊！而且，那些促使男孩儿和女孩儿在休息和游戏时间待在一起的方案也只有短期效应。人类学家已经发现，游戏中的这种性别偏好现象在所有的文化、种族和社会阶层中都存在。

实际上，性别排他游戏的规则非常严格，已经超越了种族和社会阶层的界限。如果你观察一下满操场的白人和黑人小学生的话，你就会发现，他们按照性别，而不是种族聚合在一起。穷人家和富人家的男孩儿会找到一种可以一起玩的游戏，而不愿意跟来自同一社会阶层的女孩儿一起玩儿。

这是为什么呢？科学没有给出明确的答案。不过，研究人员，包括儿童自己，都有属于他们自己的理论。在世界上任何一个地方，如果你问儿童这个问题，他们都会给出同样的答案：“女孩儿身上有虱子！”“男孩儿身上有虱子！”这就是说，不同性别之间存在某种对立的、古怪的和不同的东西。为什么他们会形成这种偏见呢？这说明他们不喜欢对方的玩具吗？他们对对方的性别有刻板印象吗？是由于荷尔蒙吗？是父母的影响吗？

研究表明，父母并没有系统地引导过小孩子选择同性游戏。在操场上，妈妈倾向于对他们的男孩儿和女孩儿说：“去跟其他的孩子一起玩。”研究也表明，儿童在形成性别刻板印象之前就已经倾向于性别排他游戏了，所以尽管性别印象后来发挥一定的作用，但是此时它还不是导致这种现象的原因。所以，原因既不是父母的影响，也不是性别刻板印象的影响。那到底是什么呢？任何一个男孩儿都能告诉你："跟男孩儿玩儿更好玩。"

很明显，男孩儿之所以被男孩儿们的游戏所吸引，其实是因为游戏本身的特性具有某种吸引力：这些游戏比女孩儿的游戏更粗放、更有激情。埃莉诺·麦科比认为，其他男性的存在能够激发起男孩儿"内心小宇宙的爆发"。这意味着，在家里非常安静的男孩儿跟其他男孩儿在一起的时候可能会突然变成一个狂野的家伙。这种现象很容易就能观察到。当男孩儿们开始跟一群男孩儿一起玩的时候，他们的激情会被大家点燃。为什么？麦科比的结论是，有某种"胎儿期荷尔蒙的启动作用"使男孩儿和女孩儿对不同种类的社会性刺激做出完全不同的反应。这就是说，在妈妈的子宫里给男孩儿洗脑的雄性荷尔蒙会在3岁以后给男孩儿带来完全不同的游戏风格。有支持这个理论的实验证据：如果在妊娠过程中的某个关键期给子宫里的雌性黑猩猩（我们在遗传上的近亲）注射雄性荷尔蒙的话，它们就会比其他雌性黑猩猩更倾向于打闹和斗殴。在雄性荷尔蒙的影响下，雌性黑猩猩的行为更像一个雄性黑猩猩。

一旦学前期的男孩儿们开始进行性别排他游戏了，他们的世界就发生了剧烈的变化。虽然研究表明，随着时间的推移，操场上有25%的游戏是男孩儿和女孩儿共同参与的，但是绝大多数男孩儿的生活都是跟男孩儿群体一起度过的。他们遵从男孩儿群体的规则，而且这种情况几乎毫无例外。一个好动的"假小子"女孩儿可能会跟男孩儿一起玩，但是男孩儿们会戏弄任何想要跨越性别界限跟女孩儿一起玩的男孩儿。这种现象最初可以在3～4岁的时候看到。但是在随后的时间里会逐渐得到强化。我曾问过一个上幼儿园的男孩儿，为什么男孩儿喜欢跟男孩儿一起玩。他说："我不知道。我们就是喜欢跟男孩儿一起玩。"正如事实所展现的，它非常接近社会学家对这种现象的解释。

当我的儿子威尔在一个蒙台梭利复式班上1年级的时候，有一天，他回到家里跟我说道："爸爸，我不能跟女孩儿一起玩儿了。"我有点儿为他担心，因为我知道他有时候喜欢跟女孩儿一起玩。

"为什么不呢？"我问他。

"因为米切尔这样说的。"他这样回答。他的语气告诉我这是结论，不容置疑。米切尔是个2年级学生，也是班上年龄最大的，他说的就是法律。

所以，无论男孩儿是害羞还是外向，是活跃还是安静，他都会跟其他男孩儿一起玩，而且久而久之，他就变得更像个"男孩儿"了。女孩儿会聚合成小一点儿的团体，倾向于选择室内的游戏；男孩儿会聚合成较大的团体，倾向于室外的游戏。男孩儿玩追逐游戏，他们热衷于较多的竞争游戏。当他们骑上三轮车时，比女孩儿有更大的可能玩"砰砰"的撞击游戏，就是一个男孩儿骑车撞上另一个骑车的男孩儿。他们大喊大叫，他们互相扭打，他们制造出机关枪的噪声，他们互相扔沙子，他们互相用手指射击，然后倒地装死。这种游戏被全世界所有的男孩儿所热衷，远远超过其他任何事情。这些游戏把一个男孩儿变成一个真正的"男孩儿"。

如果男孩儿的游戏天生就比女孩儿的游戏更粗放，那么有时候游戏可能会导致男孩儿出现攻击性的行为。这时候，大人该如何应对呢？他们应该把这看作是正常的还是危险的？学校是否应该容忍这些？让我们回到纽约城市学校屋顶上的游乐场，集中观察一下两个男孩儿，他们的行为给老师和父母造成了竞争和攻击的问题。

马丁与弗兰克：足球、摔跤和撕咬

在屋顶游乐场的尽头，有一个塑料框的小足球网门，一位中年妇女守着门。对面则是两个踢球的男孩儿，一个是瘦瘦的红头发的马丁，另一个是高一点、更魁梧一些、黑色头发的弗兰克。两个男孩儿都差几个月满4岁，他们都是很棒的足球运动员。特别是马丁，他拥有这个年纪少见的身体协调能力。两个男孩儿不断地拼抢着老师踢回来的球，并换到新的位置准备射门。

过了七八分钟，男孩儿们还在专心射门。不过此后有一段时间，当球回来需要他们接住的时候，他们的注意力开始从足球上转移了。这时候，他们完全忘记了要把足球捡回来。他们朝对方跑过去并开始扭打在一起，他们躬着腰，伸出双手，做出古罗马的经典摔跤姿势，往前迈步，虚晃一枪，绕圈，最后扭在一起。只要他们一开始扭打，老师就会从球门走过来，用快活的语气敦促他们继续踢球。“你们忘了足球。”她会大声喊道，在她喊了几声之后，两个男孩儿会停止扭打，把球找回来，并开始继续踢球。

在经过了几次这样的注意力转移之后，老师跟这两个男孩儿建议，他们站在网前守门，她来踢球，这样他们又玩了一会儿。只要她一停止踢球，他们就会转移注意力，开始在球门的网子上吊来吊去，最终摔下来，你压着我，我压着你，然后开始扭打。当老师看到他们，就会再次鼓励他们捡起球并继续跟她玩。很明显，她比他们对踢球更感兴趣，而且她是被派来看着他们，并让他们坚持踢球的。我很好奇，为什么一个老师会对两个男孩儿看得这么紧？后来我还跟学校的校长谈起了这件事。

原来情况是这样的。早在3个星期以前，在一次摔跤比赛中，马丁把弗兰克按到了地上。在发现自己更有力量之后，马丁没有罢手，不管他的朋友在他身体下面如何苦苦挣扎，而继续骑在对方的身上。马丁太过于享受自己的优势了，最终弗兰克抬起头咬了他的脸。这一咬带来了明显的效果。马丁站了起来。到此为止，这个意外事件对男孩儿们来说已经结束了。可是，对大人们来说，这才刚刚开始。学校校长给两位妈妈都打了电话。马丁的妈妈很不安，要求老师不要再让儿子跟弗兰克玩了。弗兰克的妈妈对咬人的事情感觉也不好，但是拒绝道歉，因为她儿子是先被欺负的。学校无法打破家长之间的僵局，所以就指派了一位老师来防止两位好朋友相互扭打。这就是为什么她如此努力地想让他们把注意力集中在踢球上的原因。

在我观察马丁和弗兰克的时候，我觉得他们是最好的朋友，这再明显不过了。他们显然喜欢一起玩儿，而且他们是操场上能力最强的两个运动健将，没人能赶得上他们。他们又能跟谁一起玩儿呢？当一个金黄色卷发的男孩儿想要跟他们玩一会儿足球的时候，他很快就放弃了，因为他发现他的技能远不如他们（他们并没有排斥他）。然而他们两个也是竞争者，他们忍不住老是要检验一下对方的技巧和能力。既然他们还不能熟练地用踢球和射门来相互检验，他们就只能通过最基本的男孩儿运动——摔跤——来相互检验了。

如果他们对扭打的嗜好最终导致一个咬了另一个，因为在关键时刻没有裁判把他们分开，那怎么办？他们自己能搞定吗？他们自己能解决矛盾吗？妈妈们觉得不能，同时她们自己的反应又导致这个事件升级。要求两个男孩儿分开玩显然是不合理的，因为他们是好朋友。可是，老师却觉得自己是被迫来平息家长之间的矛盾的。

关于马丁和弗兰克的困境同样是今天很多男孩儿们都在面对的问题。大人不信任他们的游戏，不信任他们之间的友谊，而且不允许他们自己解决矛盾，因为我们难以容忍小男孩儿之间的身体攻击。这是因为我们认为这种身体攻击是成人暴力行为的先兆。在我PBS上的纪录片《养育凯恩》中，我曾访问过亚利桑那州立大学的一位人类学家和教育家约瑟夫·托宾（Joseph Tobin）。他给我们看了日本学前机构的录像带。在录像带中，一个男孩儿使劲儿打了另一个男孩儿，接着用脚踩到对方的手上。老师看到了整个事情经过，却一动不动。她就让那个“受害者”在那里哭，然后得到班上一些负责管理的女孩儿的安慰，这些女孩儿告诫他不要再跟有攻击性的男孩儿一起玩儿了，因为他“总是那样”。

托宾教授说，美国老师们对日本老师的旁观感到震惊。他说，美国人的信念是，如果我们允许男孩儿摔跤和打斗，特别是那种导致人受伤的打斗，会促使他们形成伤害他人的习惯。我们相信，如果我们阻止他们这样做，他们就不会习惯于用这种方式解决矛盾冲突了。暴力倾向是两个男孩儿之间冲突事件的唯一结果吗？他对此表示怀疑。是否有这种可能，他们从这种事件中学到了不要伤害对方呢？

如果老师们不去管他们，马丁和弗兰克能自己解决问题吗？他们能就马丁可以坐在弗兰克的身上而不至于激怒他导致他咬人的问题达成一致吗？我相信他们可以。实际上，我预期他们将会这样做，只要他们的妈妈不再谋划着把他们分开。如果家长过度干涉男孩儿的游戏，并使他们无法一起度过周末玩耍的时光，这该是一件多么遗憾的事情啊！他们是朋友啊。你只需要看着他们，看他们怎么解决问题就可以了。不过，男孩儿解决矛盾冲突的方式可能不一定都是言语的，也有可能通过暴力的方式。

通常，我们会把身体竞争看作是男孩儿生活中的必要组成部分。这曾经是一个美国理想。在《汤姆·索亚历险记》中，马克·吐温让汤姆在街上遇到了一个陌生的男孩儿，这个男孩儿是一个“比他还要魁梧的幽灵”。

如果一个男孩儿动起来，另一个男孩儿也会动起来——但是只是侧对着，转着圈，他们始终保持着面对面、眼对眼。看看他们的对话：

“我能揍你！”

“那就来试试！”

“好，我会的。”

“不，你不敢。”

“是的，我敢。”

“不，你不敢。”

“我敢。”

…………

他们就这样站在那儿，一只脚倾斜着作为支撑，互相展示着自己强大的力量，带着仇恨的表情怒目而视。但是他们谁都占不了上风。等到两个人都累得满头大汗的时候，他们都放松了下来，但是仍然保持着警惕，汤姆说道：

“你是个胆小鬼，懦夫。”

不过，你也想得出来，这是他们友谊的开始。

即便汤姆·索亚大概10～12岁（吐温从未说明他的年纪），而马丁和弗兰克只有4岁，但是他这种典型的对抗方式跟我此前描述的马丁和弗兰克之间的冲突并无二致。男孩儿彼此之间会检验对方的力量，他们相互竞争，而大多数情况下，他们最终仍然是好朋友。改天，他们会继续相互试探。这种情况从2岁就开始了。当男孩儿小于2岁，并伤害了另一个男孩儿的时候，那可能只是一个男孩儿在表达自己的自主性和愤怒，他的朋友也会这样理解的。在4岁的时候，他们会相互检验，或者至少两个好运动的、充满野心的4岁男孩儿，像马丁和弗兰克，会这样。同年龄的其他男孩儿可能还没有准备好，但是很快他们也会这样的。

我们能让他们这样做吗？也许当我们理解了男孩儿竞争和攻击的目的之后会有所帮助。进化心理学家相信，男孩儿通过竞争、摔跤和打斗来确立力量等级和领导地位，这会减少未来出现冲突的可能。一旦男孩儿知道了他们可以打谁，不可以打谁，他们就会安心游戏。

我想用一个也发生在那个屋顶游乐场的小故事来对男孩儿游戏、攻击和冲突——男孩儿竞争——的问题做个总结。当我打开笔记本电脑坐在那儿记录孩子们的行为的时候，一个小男孩儿和一个小女孩儿走到我跟前，站在离我不到半米远的地方。“你是谁？”男孩儿问道。

我回答道：“我是汤普森博士，你是谁？”

“我是亚当。”他宣称，“这是玛尔塔。你在干什么？”他的语气透出一些威严。

“写一本关于孩子的书。”我答道。

“哦，我哥哥能揍你。”他说道，吓了我一跳。

“哦？你哥哥多大？”我询问这个自信的3岁半男孩儿。

“61！”他答道，我尽力忍住不笑。

“真的吗？61岁？好，那么他比我大1岁。”我说道，“也许他可以揍我。他真的61岁吗？”

亚当看起来有点纠结，开始数数。

“我想他6岁。”他回答道，接着，他和玛尔塔突然转身走开了。

4岁，一个充满魔力的年纪

迄今为止，我在本章已经花了大量的篇幅来讨论男孩儿的冲动性问题、父母恰当管教的必要性，以及男孩儿的游戏中所存在的攻击性元素。这就是我试图展现给读者的关于3～5岁男孩儿富有想象力的、有趣的和令人震撼的特点。4岁大的男孩儿喜欢受到夸奖，喜欢炫耀，喜欢自夸“我跳得最高”或者“我会数数”。他充满好奇，又有点儿自我膨胀。他现在所生活的世界范围要比以前广阔得多。

他还相信他可以按照自己的愿望和想法来创造世界。他还没有理解因果规律，他还无法接受现实的限制，所以他生活在一个充满魔力的世界里。那里生活着恐龙，发生着荒诞不经的故事，有幻想中的伙伴以及天大的白日梦。一位非常关心儿子内心深处变化的妈妈在谈起她4岁半的儿子时说道：“因为他，我的生活中有了更多的乐趣。”

如果我们不懂得如何欣赏这个年纪的男孩儿丰富的想象力，那将是一种遗憾。但是由于人们觉得必须教他理解现实，或者人们把男孩儿富有魔力的思考误解为撒谎，人们往往不懂得如何欣赏男孩儿们独一无二的创造力。家长们应该明白，当你儿子发展到成熟的时候，他自然就会理解现实了。现在，暂且就让他在自己的小脑袋里创建一个令他激动不已的魔幻世界吧。

有一年，我女儿乔安娜给一个叫沃克的活泼的4岁男孩儿当临时保姆。她经常把他带到我们家来，还有他同样活泼迷人的3岁的妹妹露丝。我经常期待着他们的到来。有时候，当我觉得工作不是太忙的时候，会被他们吸引着陪着他们一起玩儿。当我们来到公园的时候，经常会在一个魔幻的恐龙世界里进行追捕游戏。我需要做的事情就是转过身来对着沃克，他将把我介绍给他魔幻世界里的人物和危险角色。在几个月的时间里，我眼看着沃克如何努力地把他对恐龙的喜爱跟他的魔幻世界进行整合。

也许，这个年纪的男孩儿这么喜欢恐龙、海盗和超级英雄的一个原因就是，他们很少在街道上或者学前班里看到它们，因此他们不需要把它们当作一个个活生生的事物来应对。相反，他们可以随心所欲地使恐龙或者海盗的力量为我所用。

男孩儿喜欢根据自己的想象来编故事。这种对想象（而不是现实）的偏好令某些父母难以接受。听到他们的孩子说一些关于现实的或者学校的事情会让他们觉得心里踏实，似乎这是他们的孩子将来会正常长大的依据。但是，过早的领会现实不是健康发展的征兆。相反，不停地跟通过想象创造出来的意象进行游戏才是4岁男孩儿应该做的工作（我甚至不喜欢把这叫做工作）。就像一位妈妈曾经说过的：“他天生聪慧，能看出云的形状。”你最后一次盯着云彩看是什么时候？享受你儿子此时的想象力吧。大量的现实事物会以学校教育的形式很快到来。那将是下一章的主题。

驯服日常生活中的巨龙：尿床、噩梦、啃拇指和手淫

你4岁的儿子想要在公众面前展示出一个强大的形象。实际上，4岁男孩儿经常把“坚忍”作为自己的特色，并想尽一切办法来展示自己的“坚忍”。虽然你送他去幼儿园后，要离开的时候他可能会哭，但是他会尽快振作起来，并迅速恢复活跃的天性，开始享受他愉快的一天。毕竟，他现在还只是个男孩儿……除非某个时候他变了。作为他的妈妈，你了解这其中的内幕。他可能仍然经常（或者大多数时候）尿床，经常在睡梦中惊醒，经常向你哭诉，还经常半夜溜进你的房间要跟你一起睡，他还会吮吸拇指，吃饭还会挑食，还会对死亡感到万分恐惧。但是，只有你和爸爸目睹着这一切。

所有这些事情对于一个3～4岁的孩子来说都是正常的，因为每一天里，他们需要一个释放自己的机会。关于这种现象，有一个术语，叫做退化，儿童通常会在妈妈面前才会出现退化行为，因为他们觉得妈妈这里是最安全的，妈妈会理解他们的。你理解这些，觉得儿子只是累了，只是出于好奇，或者只是受到了过度的刺激。经过了一天的进步，他们也需要一点儿退化，这种退化的作用就是向你或者你儿子的看护人传达一个信息，他想要回家了，要上床休息了，要静一静了。

你将会了解儿子的行为习惯，以及怎样才能安慰他。一位妈妈在描述她如何设法回应儿子的哭诉的时候写道：“我没法忍受儿子的哭泣。当他说‘我做

不到’的时候，我不太高兴。我更愿意听他说‘我不想做’。当他哭得比较厉害的时候，我就关上门走开。当他累了的时候，尤其难以应付。不过，我丈夫一直做得很好。他是一个出色的丈夫和爸爸。”另一位妈妈告诉我，当她4岁的儿子从幼儿园预备课程班回到家的时候，心情很糟糕，她看出来了，因为他回来就立即去拿他的小熊，而平时他只有在睡觉的时候才会拿小熊的。他需要他的亲密伙伴来安慰自己。

我并不想简单地忽略这些情况，它们仍然需要合理地应对。让三四岁的男孩儿每天仍然跟你一起睡可不是什么好主意，因为他可能会认为，他不能自己一个人睡，他可能因此而更加害怕。这是个问题。你需要陪着他回到他的房间，跟他说一会儿话，坐在他身边，帮助他入睡。

值得一提的是，大多数心理症状——那些心理分析师和心理学家所担心的事情——都是常见的退化行为的典型表现。所以，有时候很难区分什么是暂时的退化行为，什么是需要担心的事情，因为这个年龄的男孩儿正遭受着恐惧和噩梦的骚扰。他们需要缓解一下，重新振作起来。最后，你必须信任自己的判断，要跟丈夫、妻子和儿子的儿科大夫分享你的担心，寻找问题的蛛丝马迹，细心观察和思考，不要忙于下结论。

二胎家庭如何让老大接受老二？

一位有3个儿子的妈妈告诉我说，当她最小的儿子出生以后，他6岁的大哥哥第一次抱他的时候，充满敬畏地小声说：“他真是个奇迹！”大多数小男孩儿对新婴儿的降生都怀有一种复杂的情感。实际上，对几乎所有年纪稍长的孩子来说，小弟弟或者妹妹的来临似乎不是一个好兆头。

当然，也会有一些好处——一个潜在的玩伴、一个帮手、一个学习榜样，也许还会增加一张大床。可是，这些都只是抽象的概念，除非实际利益有所落实，否则现实情况会急转直下。

一个新婴儿会跟你争抢你最重要的资源：妈妈。孩子很快就会明白，他将不得不跟别人分享这个世界上最重要的资源了：妈妈的爱，妈妈的怀抱，还有妈妈的时间。

这个新成员会在大孩子的心里制造出怀疑和竞争。可以用婚姻做一个类比：假设你丈夫向你宣告，因为他太爱你了，所以他将找到另一个你。你会怎么想？我可以告诉你，那简直糟糕透了。每个孩子都在想：“等一下——我自己就够了！我就是全部，如果你认为你需要另一个，也许这是因为我不够好。”想象一下吧，这些（退化的）想法会使他表现出怎样的孩子气，而且他自己的感觉也会非常糟糕。

这会搅得所有人都不得安宁。这就是婴儿的影响。每个人都会被母子之间的这种排他性所影响，这很容易让大孩子感到自己被排挤了，甚至爸爸有时候都会有嫉妒的感觉。

另一方面，男孩儿也会接纳新婴儿引起的变化，并在哥哥的角色中找到一些乐趣和机会。为了培养这种积极的倾向，你需要做到：

●在你怀孕的时候就让你儿子做好迎接弟弟来临的准备。让他知道有个婴儿就要降生了，让他帮助做一些准备迎接婴儿降生的事情，这样他就会在助手和哥哥的角色上进行尝试，并体验责任感。

●体谅他的复杂感受，包括负面的。告诉他你了解他的艰难处境，同时也了解他的乐趣，让他知道有时候出现既高兴又生气的感受是正常的。当他帮助你，表现得很听话，或者很体谅的时候，你要及时地对他表示感激，让他体验到他在家庭中的新角色给他带来的尊严和自豪。

●不要说“不要”，就像不要说“不要那样想”一样。当他说他恨弟弟的时候，不要说：“不要恨你弟弟。”你要说：“是的，有个弟弟确实不太好过。有时候他们要求太多，太麻烦。”然后，留点儿神听他怎么说。

●小心挨打。有时候，两三岁的小男孩儿会想要通过拍打弟弟来证明谁是老大。每个家庭都会有这种事情发生，这并不意味着哥哥是个坏孩子。你需要看得紧一点儿，并帮助哥哥培养起自我控制能力。到了哥哥6岁大的时候，他可能就可以形成自控能力了，并且开始享受自己的新角色了。

●让他知道，你仍然百分之百爱他。一位妈妈曾告诉我说，她自己就曾经有一个疑虑，怀疑自己是否有能力同时爱两个孩子——她无法想象怎样才能像爱第一个儿子那样爱另一个孩子。不过，让她高兴的是，她发现她可以做到同时深爱两个孩子，只不过，她对第一个儿子的爱稍长了一些（因为出生得早些）。

●稳固你们的情感联结。花点时间主动关心一下大儿子——一起玩儿、做饭、读书，或者在花园里除草。这些活动将会让他感觉到跟你的情感联结，而且因为男孩儿在活动中更容易产生情感体验，所以这些活动会为他提供一个舒适的情境，跟你一起分享他的感受，并乐于接受你鼓励性的话语。

如何欣赏与男孩儿的亲密关系?

对妈妈们来说，你在这段时间里仍然是儿子的世界中心。虽然儿子比以前走得更远了，可能整天都待在幼儿园里，他不会再像以往那样把你当作唯一的快乐源泉。他想要跟你开玩笑，跟你耍贫嘴；他想要跟你一起看书，一起下棋。他不想让你离开他，也不想让你改变。他会研究你，对你的穿衣搭配，甚至是耳坠品头论足。但是，他这样做只是为了让你成为他的唯一。

如果他爱着你，毫无疑问，你也完全爱着他。一位妈妈说：“我儿子爱我，我也爱他。我们之间的关系独一无二。我真的很乐于知道他到底是个怎样的人。你总是知道你跟他心心相印，因为他会给你很多直接的提示。”另一位妈妈说道，她对自己与儿子之间的关系最满意的地方就是那种“纯粹的爱，这种爱里面没有任何杂质”。嗯，当然，他的爱里面没有杂质，不过很多时候他仍然渴望亲密、关注和褒奖。

另一位妈妈告诉我说：“我三个儿子都觉得我是他们那个幸福世界的中心。他们喜欢在我的卧室玩闹，当我坐在床上看书的时候，他们也喜欢挨着我看书。他们好像觉得我了解他们的感受。”她说的是多大的孩子呢？当然是4岁，还有一个10岁的和一个13岁的。这样，你就不必担心将来会失去跟儿子的亲密关系了。

本章的开头，我们曾描述了《野兽国》里一个很暴躁的、需求比较多的男孩儿，当他不如意的时候，他会发怒，非常愿意伤害妈妈的感情。在这里，我又描述了该如何欣赏你跟深爱着你的男孩儿的亲密关系。这看起来有点儿矛盾。不过，实际上并不矛盾。它们是同一个问题的两个方面，因为你儿子会越来越复杂。他迫切地希望跟你保持浓情蜜意，同时，又希望摆脱对你的依赖。他希望取悦于你，也希望你欣赏他。他希望尊重你的权威，也希望有自己的权威。这些是人类无法回避的矛盾。

当你自然地建立起权威，形成一些可以应付他的技巧，从而解决了他的管教问题之后，你们就会安定下来，享受一段儿美妙的时光。到了4岁，很多男孩儿都成了小小评论员，他们会喋喋不休地对你们的生活进行评论。到了4岁，他的词汇量已经从20个飙升到1500个了，很快，到了5岁，就会达到2000个。他能够理解你说的话，他将跟你讨论很多很多你们一起做的事情。

我把这段时间看作是你们之间能够相互心领神会的时期。他会成为一个非常好的伙伴。弗洛伊德认为，这个年龄的男孩儿有强烈的恋母情结，为了独占妈妈，会跟爸爸竞争。有很多三四岁的男孩儿会宣称，当他们长大之后，他们想要跟妈妈结婚。

养育男孩儿中爸爸的特殊贡献

就如何参与到孩子的养育中来的问题，每位爸爸都必须不断地做出选择。为什么他妻子不需要选择，而他需要呢？爸爸通常有来自各方面的压力，包括社会的、生理的，这些压力迫使有小孩子的父母分别进入各自的刻板角色。如果妈妈用母乳喂养婴儿——并且绝大多数人都这样——她们就会从生理上跟孩子的健康联系在一起，并能够熟悉孩子的脾气秉性、生理节奏以及特殊习惯。她们跟孩子待在一起的时间要比爸爸们长得多。即使那些本来打算一起分担照顾孩子的重任的夫妻也会发现，他们终究会回归到一个喂奶一个“挣面包”的传统角色中去。所以，当爸爸下班回到家，他就面临着一个选择：是跟孩子玩儿一会儿，还是自己去看报纸和电视。研究表明，绝大部分爸爸们选择了看电视，同样也上班的妈妈们下班回家则会比爸爸们花更多的时间来陪孩子。

> 当他跟他的小伙伴们开始进行越来越剧烈的身体游戏的时候，我就开始担心了。我不想任何人受到伤害。可是，那通常只是男孩儿之间的玩耍。我担心他怎么才能顺利进入幼儿园。
>
> ——一个4岁半男孩儿的妈妈

不过，不是所有的爸爸选择旁观。他们承诺将会加入到照看孩子的工作中去。他们这样的选择通常与他们对自己爸爸的不满有关。有一位爸爸曾给我写信说道：“我小时候爸爸对我不太关心，也不太爱我。他就是不知道该怎么做。他并不是那种冷酷或者霸道的人，他就是旁观。他自己也没有意识到这一点。但是，有一次他曾带我去钓鱼，我无意间听到妈妈这样责备他，‘你儿子就要长大了，可你甚至都不了解他！’”

另一位爸爸有两个儿子，一个3岁半，另一个1岁半。他说道：“我爸爸是个十足的酒鬼，在他的影响下，我决定要做一个完全不同的父亲。我要亲自照顾孩子。我希望他们从我这里得到所有的一切。我会跟他们一起享受乐趣。我想要让他们知道，我有多么爱他们。我一定要参与进来。”

即使一位爸爸已经做出了承诺，可是要优先履行承诺，并调节自己的感受，对妻子的工作提供支持，却绝非易事。我曾让一位爸爸描述一下在当爸爸方面最艰难的一件事情。他说道：“下班后找时间陪孩子。我下班后，小孩儿还是愿意找妈妈，我感觉很受伤。”另一位爸爸则说道：“我的工作非常费神费力，有时候当我回到家，如果不‘放空’一会儿，我真的一点儿精力都没有了。可是，我儿子不理解这些。”

但是，如果能够花时间陪陪孩子，得到的回报也将是巨大的。那位有个酒鬼爸爸的男人写道：“我觉得我跟儿子们的关系非常亲密。每当周末结束，新的一周要开始了，我不能再花很多时间跟他们在一起的时候，这种感受就越发强烈。不过，跟他们在一起的时候我同样能够感受到。我一直都在想着我的家庭，以及我对他们的爱。”

研究人员已经发现，父子之间的纽带跟母子不同。一般来说，妈妈比爸爸更倾向于从感情上与儿子沟通。在一个基于视频分析的研究中，当爸爸们想要参与到孩子的游戏中去的时候，他们倾向于打断孩子游戏的兴趣。妈妈们则观察着、等待着，通过天生的好奇心来引导他们的游戏。如果妈妈们比爸爸们花了更多的时间来陪伴孩子，并且与孩子更加心灵相通，那么爸爸们的特殊贡献又体现在哪里呢？当然有很多，刺激性的游戏是其中很重要的一个方面。

妈妈和爸爸跟男孩儿一起追逐、打闹、嬉戏，甚至摔打的机会要比女孩儿多得多，但是爸爸更擅长这些游戏。学前儿童的爸爸通常会跟孩子玩那些包括大运动的游戏，而且，孩子，特别是男孩儿，对这些游戏的回应也会更强烈。在我的调查中，有一位爸爸向我描述了他跟儿子在晚上做的事情：“当我们一起玩他的玩具、满屋子疯跑、摔跤、跳舞以及讲睡前故事的时候，他都非常喜欢。”另一位爸爸的游戏则包括“骑车、看火车、逛公园、吃冰激凌、给他讲故事、去教堂、去散步、做鸟笼、准备过圣诞节，包括制作圣诞树和参加圣诞游行”。

然而，摔跤不是父子关系的全部内容。强调跟儿子一起活动的那位爸爸曾说，在跟儿子一起做的事情中，他最满意的一件就是：“抱着他们，告诉他们我爱他们，并听他们说‘我们也爱你’。”

爸爸手记：有其父，必有其子

保罗是一对4岁双胞胎男孩儿的爸爸，关于养育问题，他有着非常实用的看法：

“我的两个儿子可能是典型的4岁孩子。他们很野，也很好玩儿。他们有着丰富的想象力，整天跟他们的玩具和伙伴们一起玩儿。他们喜欢跟我和我妻子一起看书。他们是最好的朋友，同时，也是竞争对手。

“我妈妈说我是‘一个脏兮兮的大嗓门’——一个小坏蛋，总是脏兮兮的，吵吵闹闹，麻烦不断，让人忍无可忍，是班上的捣蛋大王。我的儿子也一样。我支持他们这样。我喜欢看他们挑战自己，而且好处也是显而易见的。他们无所畏惧地探索周围的环境，有时候会把身上弄得瘀青，甚至割伤，当他们成功的时候，自信心会得到显著增长。我觉得他们在学校里可能也会不错，不过我现在还不知道。我不会强求。我愿意让他们玩。他们随时随地都在学习数字和字母，因为当他们扮演‘幽灵终结者’的时候，跟我们一起读书的时候，会用自己的方式来吸收信息。

“我们一起大声说笑，互相斗气，我们一起摔跤、互相追逐、一起去海滩。我会参与他们的游戏，会想出新奇好玩的东西——坐在长滑雪板上，就像坐雪橇，一起从小路的缓坡上慢慢地滑下去，直到我们的速度变得很快，并到达尽头，然后我们会再来一次。

“睡前，我们会一起唱《小星星》之类的歌，就像我小时候和我妈妈那样。我们睡前还会读书。他们会帮我整理草坪和树篱，我还曾经小心地用梯子把他们带到屋顶上去清理落叶。他们喜欢往木板里面钉钉子，或者戴上我的摩托车头盔在房间里跑。毫无疑问，无论是否有实际的贡献，他们都喜欢帮忙。

“我已经给儿子们讲过怎么用一些基本工具跟别的工具进行配合，并且当需要这么做的时候，我会提醒他们。但是我发现如果我干预得太多，他们就学不会。如果我放开手让他们自己折腾，他们反而经常会令人惊奇地找到解决问题的办法。只有当他们绞尽脑汁也无计可施，并开始搞破坏的时候，我才会介入。

“就这样，我们合作得越来越好。还能比这更好吗？ 4岁的年纪简直太酷了。我想我在他们16岁的时候，我也能这样说：‘16岁的年纪简直太酷了。’”

体谅学前男孩儿的恐惧

从爸爸那里得到赞美是学前男孩儿对爸爸的期待之一。我们已经知道，4岁男孩儿希望别人认为他们是“坚韧的”，他经常用这个词来形容自己，他希望自己能够做到这一点。当然，他还没有这么强，只是不是所有的时候都这么强。他会沮丧、会哭泣、会经常感到弱小和无能。他也有很多恐惧：对黑暗，对陌生的地方、陌生的事物，对人群，对独处。有时候，爸爸会因为小男孩自然的恐惧而感到窘迫，而妈妈似乎比爸爸更容易理解和接受他们的恐惧。

> 他就像一个神奇的礼物。我每天打开礼物的盒子，都会发现新奇的东西。
>
> ——一个 4 岁半男孩儿的妈妈

当我儿子3岁的时候，我们一家去了迪士尼乐园。我们事先定好了去两个“提供早餐”的地方。在那里，有大人穿着服装扮成迪士尼电影里面的著名人物：阿拉丁、救难小福星、白雪公主，当然还有米老鼠。那个装扮成阿拉丁的人足有一米八高。当他兴高采烈地来到我们的早餐桌旁的时候，我们的儿子威尔，只看了一眼就爬到桌子底下去了，无论阿拉丁如何劝诱和保证，就是不出来。两天后，威尔仍然没有准备好走上去拥抱米老鼠，虽然其他很多孩子都已经这样做了。他站在远处谨慎地观察着。

我不记得我是否曾因为他的恐惧而感到过窘迫，但是我确实记得我当时真希望他不要对他们反应如此过敏。有一部分原因是为了他着想——害怕一点儿都不好玩，还有一部分是因为……嗯，为什么？为什么我希望他不要害怕迪士尼的人呢？我觉得这是因为我就像其他所有爸爸一样，会不自觉地就此得出错误的结论：3～4岁时的恐惧可能会延续到8岁或者13岁。荒谬！恐惧是发展的一部分，恐惧会来，也会消失。在3～4岁时，恐惧非常强大，因为这个时候孩子的想象力非常生动形象。对他们来说，如果恐龙真的存在，并且可能在任何一个角落里逡巡，那么一个巨大的阿拉丁就不值得信任了。谁知道他会干什么呢。

我们可以对3～4岁孩子的恐惧一笑了之，但是男孩儿对别人的耻笑会非常敏感，他们尤其在意爸爸的想法。爸爸要理解儿子的恐惧，明白这不代表他将来也会恐惧，这很重要。有没有这种情况，有的男孩儿在先天气质上就勇敢大胆，而有的男孩儿在先天气质上就小心谨慎呢？当然，这种特征会持续终生，但是在学前期，即便是最勇敢无畏的男孩儿也会有所恐惧的。

不必刻意地磨炼男孩儿

有一件令妈妈们觉得很痛苦的事情，就是她们的丈夫总是想要磨炼他们的儿子。妈妈会对我说，她丈夫比他强势得多，或者采用比她粗鲁得多的方式管教儿子，或者当儿子焦躁的时候，她试图安慰儿子，而丈夫却对她的行为颇有微词。当妈妈安慰儿子的时候，爸爸会这样说：“你像对待小孩儿一样对他。”研究表明，爸爸一般会采用更加强势的管教方式，当然，他们靠的是他

> 他促使我改变，教会我做一个更好的妈妈。
>
> ——一个4岁半男孩儿的妈妈

们的大块头和低沉的语气。爸爸不会像妈妈那样迅速对儿子的需要做出回应，很多爸爸以此为豪。“她想要保护他，不要让他摔着、磕着、碰着，而我想让他偶尔摔一下，并从小痛中吸取教训，避免将来的大痛。”一位爸爸这样写道。

我不反对任何一方——包括爸爸——所做的，即要求儿子更多地依靠自己，和对儿子有更多的体谅。但是，小男孩儿对爸爸看待自己的方式非常敏感。如果爸爸认为小男孩儿需要接受粗鲁的管教或者磨炼从而使他们坚韧起来，我是反对这样做的。生活会让所有的男孩儿坚韧起来。他们在社会群体中的经验、竞争的经验以及努力实现理想过程中的经验，都会给他足够的磨炼。如果某位爸爸想要刻意磨炼一下学前儿童，无论是通过恐吓还是羞辱的方式，都会使男孩儿对爸爸的恐惧持续终生。要想培养一个强大的、“坚韧的”男孩儿，没有什么是比来自父母的理解和关爱更好的支持了。

第五章

准备好了吗？要上学啦！

从5岁到7岁

It's a boy

对他来说，现在最困难的事情就是如何控制他体内的能量。由于这些能量，他在学校里惹出了很多麻烦。他必须学会如何应对这些麻烦。安静地坐着、书写、画画，学校里现在就要求这些。可是，他仍然在不停地活动、蹦、跳、打滚儿。

——一个6岁男孩儿的妈妈

> 在课堂上，他们倾向于把我儿子跟女生们做比较，并武断地认为他好动。实际上，我儿子渴望讨老师喜欢，而且会始终如一地认真上课，特别是那些富有想象力和各种活动的课程。成年女性似乎很轻易地就认为他是多动症，而成年男性则会微笑，并在他的身上看到了自己童年的影子。
>
> ——一个6岁男孩儿的爸爸

父母在提及儿子上幼儿园的时候，通常脑中会浮现出一幅特别酸楚的画面：一方面，小男孩儿可爱、有活力、渴望学习和掌控世界；另一方面，却面临着巨大的转变。根据男孩儿的发展与学校课程和老师之间的契合程度，男孩儿在向学前班过渡的过程中要么很成功，开启了兴奋的、有时候会有点儿挑战的新生活；要么很失败，在挣扎中关闭了新生活的大门，并给他生活的各个方面都带来了阴影。一位妈妈这样描述了他5岁儿子在上学前和上学后的情景：

在开学前，他一直都情绪饱满、多愁善感。现在，他看起来怒气冲冲、心情沮丧、充满敌意。他过去愿意告诉我们他的感受，可是现在，他上了学前班以后，好像对我非常生气。我很困惑，他总是对我无礼，跟我顶嘴。学前班把一切都搞砸了。

另一位妈妈总结了父母们通常的担心：

> 我最大的担心就是他的活力和表达方式，这些会令他感到羞愧的——他为了凸显自己会恶搞，而且他想要当老大，他会奋力地反抗权威。

最后，儿子在学校的困境与挣扎会令父母和儿子都精疲力竭，并开始动摇父母对儿子、对自己以及对未来的信心。一位妈妈描述了她6岁的儿子最令她记忆深刻的事情："他对很多事情都很热衷，我很喜欢这一点。我也很喜欢他总是与众不同。他有想象力，是一个出色的艺术家，他喜爱别人，喜爱动物，甚至物体。他聪明，记忆力超群。这些我都喜欢。我还能列出其他很多很多。"然而，她接着表达了自己的无助，因为儿子对适应出现了很大的困难：

> 他非常活跃好动。他在滑雪场的跳台上跳，他远足，他还奔跑。说真的，我还从没看到他累得上气不接下气过。
>
> ——一个7岁男孩儿的妈妈

> 我感觉他被困住了——他被老师误解，老师觉得他很笨——我在想我怎么能帮助他。我希望他能遇到更多的男老师，能找到一个男子学校。我希望他能够正常地、幸福地长大。

发展的八条线索

未来的发展

“他总是疯跑。”一位5岁男孩儿的妈妈说，她继续描述儿子在这个年纪时身体和情绪上的暴风骤雨，“他爱我，并且愿意表现出来，而无论是在哪儿，想靠着我就靠着我。他还像小时候一样拨弄我的头发来安慰自己。但同时，当我需要他干点儿什么的时候，他不仅不干，还不告诉我为什么，也不告诉我他到底想怎么样。我对他的表现很失望。他没有控制地疯跑，管不住自己，动不动就跟其他孩子摔摔打打，或者突然把别人推倒，或者自己被绊倒，不停地说着‘对不起’。”下面让我们看看究竟原因是什么吧。

身体发展

到了5岁，普通男孩儿比女孩儿跑得更快、跳得更高，把球扔得更远。男孩儿会在需要力气和体能的身体活动中胜出。女孩儿则会在需要精细运动技能的活动上，例如画画或者写字，或者需要协调四肢动作和身体平衡等柔性运动技能的活动上（例如滑冰）胜出。所以男孩儿的动作看起来会比女孩儿笨拙，男孩儿的字迹相比女孩儿通常显得潦草，难以辨认。另一方面，男孩儿和女孩儿也有共同的地方，那就是他们在自己擅长的事情上会非常努力，而在不擅长的事情上则倾向于不感兴趣，所以在投掷垒球和书写方面的性别差异在未来的若干年里会日益明显。

5～7岁的男孩儿有很多运动能力，从令人目眩的运动到不够协调的、需要细心的运动都有。男孩儿们出现了很大的分化，一部分不仅准备好了，而且迫不及待地想参加有组织的体育运动项目，而另一部分则不希望参加这类项目。那些玩得不好的男孩儿仍然会声称自己是组里面的头几名。很难说清楚他们到底是在自欺欺人还是在说谎。唯一可以肯定的是，体育运动中的地位和成绩对他们来说很重要。

如果有很多男孩儿一起玩游戏，虽然他们可能分成不同的群体，但是挨得比较近，这样男孩儿们就可以不断地加入进来和退出去。所以，那些不太擅长的男孩儿就能通过补空而加入进来，从而也可以玩到游戏。在今天的美国，城市运动在城镇儿童的生活中占据着越来越重要的地位——在美国，有82%的儿童参加城市运动——所以男孩儿和他的家人被迫面临着一系列的问题：他适合运动吗？如果他加入了一个团队，他能帮助团队取得成功吗？他情绪上是否有足够的韧性来接受其他男孩儿激烈的竞争以及失败的可能？如果他打算退出，那么，他算个失败者吗？

类似的问题还有很多。总而言之，人们会根据男孩儿在运动项目上的表现来评判他的能力。在面对竞争压力的时候，你永远都没办法确定男孩儿会做出什么反应，所以我会倾向于尽可能地不让男孩儿参加竞争性的运动，除非你儿子非常渴望参加，并且能够应付得来。一位爸爸曾写信给我说，他儿子在运动上非常糟糕。他是篮球队里唯一一个站在那儿一动不动就想用绝地武士的力量赢得比赛的队员。有时候，他会受到更粗鲁的孩子的欺负。在10岁以前，我更愿意让大多数男孩儿参加娱乐性的、需要多种能力配合的团队，从而保护他们免受激烈竞争的压力。但是当班上其他男孩儿都参加了运动，而只有你没参加的时候，这种压力就非常巨大了。

依恋

妈妈可能会觉得儿子这个时候跟自己越来越疏远了。因为5～7岁的时候，他会变得更加独立。妈妈产生这种感觉还有一个原因，他现在开始强化自己与其他成人的关系了，包括爸爸和老师。在这个年纪，爸爸可能会觉得自己有了一个爱好相同的忠实伙伴。我认识一位父亲，从儿子上幼儿园开始，他就把自己保留的从儿童时代开始看过的所有漫画书都拿给儿子看。他妻子对这些漫画书感到很恼火，并把她认为有暴力内容的部分拿走了。儿子对分享爸爸小时候的最爱感到非常高兴。跟爸爸更加亲密的关系还可以使男孩儿解决他4～5岁期间恋母情结留给他的失望。那时候，他曾那么爱妈妈，并想要独占妈妈。

现在，在你儿子的生活中有很多成年女性，主要是他的老师。其中，有他喜欢的（“她很好”），也有他不喜欢的（“她很坏”）。如果幼儿园1年级和2年级的男孩儿有一个喜欢男孩儿的老师——他们很快就能看出来——他们会带给她与妈妈相处时的爱和活力（“琼斯夫人，看我做的！”）；如果他们有一个不理解男孩儿或者喜欢惩罚他们的老师的话，他们对她就像一个愤怒的、失望的情人一样。

社会性发展

到了5～7岁，男孩儿们相互成为朋友和玩伴已经有很多年了，他们都非常了解男孩儿社会的规则：男孩儿群体的排他性，男孩儿不能跟女孩儿一起玩，在群体活动中应该一起协作，在奔跑、自夸以及炫耀过程中相互竞争，在某些男孩儿之间有密切的、排他的情感联系。

男孩儿不会像女孩儿那样经常说自己有个“最好的朋友”。有时候，这种情况会令妈妈感到困惑。因为有个好朋友通常是学前班和小学1年级时女孩儿们的生活特点。通过回想自己的经验，妈妈们能记起这种友谊的力量，所以也希望她们的儿子能够拥有这种友谊。男孩儿其实是有密友的，有时候，如果两个家庭关系很密切，那么两家的男孩儿关系也会很密切，甚至好过亲兄弟。

男孩儿群体中某个男孩儿的受欢迎程度取决于谁最符合理想中的男子气概。男孩儿们以非常公开的方式进行竞争：吹嘘自己的运动成绩，穿上自己最喜爱的运动队或者运动员的队服，或者给别人讲述他们看过的电影里面精彩的镜头。

认知发展

在认知方面，男孩儿在这些年里发生的最大变化就是抛弃了3～4岁时魔幻般的幻想，变得更加有逻辑性，并开始关注物体实实在在的属性了。他们的脑开始受到额叶的控制，表现为这个年龄的儿童开始以更加现实的方式解决问题了。这个年龄的儿童有一个很关键的认知发展叫做“守恒性”。心理测验对守恒性的检测是这样的：给儿童看两个同样大小的杯子，杯子里面有同样多的液体，在儿童确认了两个杯子有同样多的液体之后，其中一个杯子的液体会被倒入第三个杯子，这个杯子更高、更细，当他们看到第三个杯子里面的液体更高时，较小的儿童只会看到问题的表面，认为第三个杯子里面的液体比原来两个杯子的液体更多。只有儿童能够理解虽然液体的外在形状发生了变化，但是液体的容量并没有变的道理，他们才真正掌握了守恒原理。

每个心理学家都知道这个实验，虽然这对父母可能没有什么实际意义。但是我认为，这对父母理解儿童此时思维方式的重大转变很关键，5～7岁的转变将把你儿子从一个胡思乱想的思想者变成一个务实的科学家，然后他就会迫切地想要了解世界。这个年龄不仅是科学问题大爆发的时候，也是创造力大爆发的时候，这个时候的男孩儿能想象出很多东西，并想要把这些东西制造出来。

学业发展

5～7岁最关键的学业发展是设法适应学校和学校的要求，学会阅读，掌握数字。做好入学的各种准备是男孩儿学业成功的关键，因为如果他准备好了，那么他就有可能转变成一个“学者”。所以，男孩儿的学业成功与否取决于他是否做好了上学的准备。

情绪的自我调控

从5岁到7岁，男孩儿对自己的情感有了很强的控制力。你在这个年纪的男孩儿身上会发现，他们发脾气的次数越来越少了，偶尔的情感爆发——这是儿童时代不可避免的事情——也更容易控制了。这种发展有一部分是因为儿童在其他儿童面前的自我意识增强了。那些不能忍受挫折，因为自己的要求而造成游戏中断的幼儿园男孩儿会在同伴的脸上看到不耐烦和恼怒的表情。对被驱逐的恐惧跟成人的介入一样能够有效地帮助男孩儿控制好自己的行为。正是因为同伴压力非常强大，所以，如果某个男孩儿对压力无动于衷、继续爆发、自夸、说谎和发怒，那么就只能说明，可能由于家庭的原因，他异乎寻常地生气，或者他有某种精神疾病，例如对立违抗性障碍、品行障碍，或者严重的多动症。

只要跟其他男孩儿一起待在教室里，男孩儿都会尽力控制自己不要哭。这不是说只要男孩儿一哭，他就被鄙视，而是说，一群男孩儿能迅速地评估哭的男孩儿是否有正当的理由（并因此保留自己在必要的时候哭的权利）。

对所有儿童来说，学会管理情绪和避免情绪爆发是成长的一个重要组成部分。但是如果男孩儿迫于压力而不得不在任何情况、任何时间和任何场合都避免哭泣，他们会因此付出高昂代价的。当男孩儿被完全禁止哭泣的时候，他也就失去了必要的、健康的表达情绪的机会。如果他不能通过哭泣来释放紧张的情绪——疼痛、悲伤和愤怒——他就需要花费巨大的精神力量来克制自己。久而久之，未解决的创伤和未释放的眼泪就会累积，并需要更大的努力来克制。以任何方式跟他谈论情绪问题都会导致闸门大开，所以似乎最好什么都不要谈。你可以让他愤怒地大叫，或者进行身体攻击，但是就是不能说伤心事。

游戏治疗师拉里·科恩的来访者中也包括成年男子。他说，他在治疗中曾问过这些成年男子，当他们还是孩子的时候，是怎么控制自己的哭泣的。他们的故事很让人心痛。即使被遗弃、被忽视、被虐待或者丧失了亲人，无论如何，这些男人也必须保持克制和坚忍，即使是个小男孩儿也必须如此。他们记得自己如何关闭心扉，转向暴力或色情读物，迫使自己参加运动或者其他任何不会让他们感到痛苦的领域，拼命地工作。有时候，这些大男人一说到这些事情的时候，都会泪流不止，泣不成声。

对男孩儿来说，健康的情绪自我调控允许流眼泪，允许讨论伤心事，允许释放艰辛生活所带来的压力，并积攒智慧和勇气，继续前行。

道德和精神信仰的发展

学校生活是对男孩儿道德的一个严峻考验，因为所有的孩子都要分享教室里的有限资源：老师的时间、第一排的座位、在课余活动角选择自己喜欢的活动的机会（没地方容纳所有的男孩儿）。在低年级，公平的问题和“那不公平”的叫喊会成为教室里的核心话题。如果大人只是把这些讨论当作是抱怨，那么他实际上错过了儿童之间关于道德问题的激烈争论。他们尝试给自己定义什么是“好的”什么是“坏的”，然后尽力践行这些标准。

男孩儿的这些道德评判很像是指责或者闲谈。有时候，大人会反对儿童用大人的口吻跟同学说话——会让人烦的——可是其实其背后的动机是渴望知道什么是道德的，并使自己成为一个有道德的人。每个男孩儿都希望做一个“好男孩儿”。如果他的冲动或者脾气使他在学校里陷入很大的麻烦，以至于他搞不清楚怎么做才会被看作是好孩子，那你要小心了：他会陷入绝望，或者转而认为自己就是一个暴躁易怒和无法无天的人。

自我认同

在5～7岁的时候，男孩儿的自我认同开始固定下来，他知道自己的性别、名字、皮肤颜色都是终生不变的。此时，性别对男孩儿来说比以往都要重要。很多事情的决定都要取决于该活动是属于男孩儿的还是属于女孩儿的，你儿子在很多公开场合的身份认同都依赖于他对自己男孩儿身份的肯定。这涉及很多男孩儿式的幽默，包括嘲笑放屁、谈论小马桶以及开始说有关性的话题。你无法阻止这些，你能做的仅仅是明确规则。

然而，这个年纪的男孩通常按照他们所不喜欢的方式来定义自己。在3年级过后，有很多事情会让他们形成悲观的世界观。很多父母发现，他们7岁的儿子心绪低落，受到很多委屈：学校里其他孩子如何“憎恨”我，老师如何“憎恨”我，每件事情都如何不公平。很多男孩子的父母自豪地声称他们相信孩子说的话，他们可能会因为自己7岁孩子所表现出来的消极悲观感到备受打击。7岁男孩儿的抱怨与5岁男孩儿的幻想和6岁男孩儿的成功形成了鲜明的对比。但是，这只是暂时的退化。在未来的3年里，8岁、9岁、10岁将是他们的注意力最专注的3年。

男孩儿什么时候入学好?

向“真正的”学校——学前班的过渡是男孩儿人生中一个重要的时刻。这标志着他从家庭的保护中以一个公民的身份走向了一个更加广阔的世界。所以，从文化上来说，这也很重要。上学可能是他跟妈妈分开时间最长的时刻。

> 我发誓，他将来要么会成为奥运会运动员，要么会在医院的病床上昏睡。我的心情很复杂，一半是焦虑，一半是自豪。幸运的是，他的身体协调能力非常好。
>
> ——一个7岁男孩儿的妈妈

上学可能意味着他要乘坐黄色校车，一个人，第一次。他可能要做家庭作业，要记得带回家，他爸爸妈妈对家庭作业会很认真。他可能第一次觉得自已在家以外的地方接受评价，并跟其他男孩儿做比较。

男孩儿开始上幼儿园的年龄、他的发展程度以及他关于学校的经验将会对他此后的学校生涯，也许是此后的全部人生，产生重要影响。在正式上学后的头三年里——从学前班到2年级——他对自己形成了“要么成功，要么失败”的认识。研究证实了大多数家长和教育工作者每天都能看到的事情：男孩儿最早进入学校的这段时间表现得怎么样会直接影响到他的自我意象和后来的表现。许多曾抗拒上学的男孩儿最终（通常在别人的帮助下）找到了使他们能够“上学”并心理完好的方法。但是这对他们以及他们的父母来说，是一项有里程碑意义的任务。父母当然知道这一点，所以不想让孩子过早上学。同时，父母还希望他们在发展过程中的某个时候接受一些挑战。一些父母由于经济和工作方面的原因，需要儿子尽可能早地上学。也许他们并不想把孩子放到一个可能会失败的环境下，从而给他很大压力，可是他们别无选择。

是什么使男孩儿具备了上学前班的能力呢？从本质上说，这取决于发展给他的大脑和身体所带来的变化。很多年以前，哈佛一位心理学家谢尔顿·怀特（Sheldon White）描述了儿童发展过程中的一系列转变，现在被称作“5～7岁的切换”。在这3年里，男孩儿的脑发生着巨变：它变得更加协调和一致、更加高效，注意广度也更大了。神经纤维髓鞘化的过程——在脑皮层神经纤维的外面包裹上一层绝缘的鞘，从而促进神经电冲动的传导——也在加速。在5～7岁的时候，身高也会快速增长，这是在婴儿期和青春期之间唯一的一次快速增长。

在这些生理变化的基础上，心理学家在这些儿童身上还观察到了语法能力和认知能力的巨大进步。例如，他们能够更好地区分幻想和现实。现在，他们明白了电视里的人听不到看电视的人所说的话。他们的情绪也更加稳定和严肃了。他们能自己穿衣服了，能跑腿干活了，能将注意力集中更长的时间了。

还需要补充的是，所有这些生理变化和随之出现的语言能力会让男孩儿在课堂上受到欢迎或者受到排斥，就像下面这位爸爸和另一位妈妈所说的那样：

> 他特别好动，总是用嘴发出各种声音，或是试图弄清楚各种好玩的问题。
>
> 到他们5岁的时候，所有的事情都跟生殖器扯上了关系。他们没有哪一天不是在讨论关于身体某部分的功能——每件事情，从每天早上“它”为什么是硬的到所有有关屁股、放屁、撒尿和拉屎的内容。

学前班对男孩儿们产生了什么影响？

现在，父母都意识到学前班不再像其德语名字所暗示的是“儿童的乐园”了。由于考试升学的压力，对高考的期待（全世界都这样），以及小学低年级日益增加的家庭作业，导致跟以前相比，上学第一年就好像变成了一个向高考冲刺的地方。一位学前班老师给我写信说，上学对孩子们构成了挑战，包括“准备好流畅的阅读、规范的书写以及解决现实生活中的数学问题”。天哪！

美国教育的大趋势是更早地开始学业准备，既包括在2年级或者4年级为那些有困难的儿童提供早先是为了给中等学生打基础用的学业经验，也包括让儿童更好地通过各种考试。这些强化课程已经改变了学前班的本质，改变了男孩儿的经历，因为男孩儿在阅读、听力、精细运动技能方面落后于女孩儿，而这些能力在学校里都是非常重要的。上面提到的学前班老师也说过：“我想，那些上学后运动能力仍然不足的男孩儿提示我们，他们仍然需要玩积木、火车、砖头，他们还没有准备好从事那些需要精细技能的活动。”

马萨诸塞州艾灵顿学前评估小组的老组长凯瑟琳·弗雷泽（Kathleen Fraser）对何时让男孩儿开始上学的事情有很深的体会：“在过去的20年里，我一直都在说应该让孩子较早地上学前班，就是当他们刚刚4岁9个月或者刚刚满5岁的时候。而且我还要继续说，希望更多的小孩儿能让学前继续成为一个社会活动的地方，而不是学业竞争的地方。但是现在，我不说了。学前班已经彻底变了，它现在更像是一个追求学业的地方了。所以，现在我要说的是‘如果怀疑，就不要去’。”

简·凯奇（Jane Katch）是一位有着30年教龄的天才教师，她出版了很多有影响力的书，这些书都是关于她班上孩子如何游戏的内容。她同意弗雷泽的判断：“当我开始在学前班执教的时候，大多数学前班的教室都有很多游戏活动。他们强调社会性发展、口语发展以及一些字母的识认。”那时候的看法是，儿童应该在小学1年级学习阅读。所以学前班儿童的压力非常小，教室里充满了各种“积木块、木工制品、沙子和水”。

她记得20世纪80年代后期发生的变化。那个时候，她在美国伟大的教育家约翰·杜威（John Dewey）所创建的作为进步教育示范的芝加哥大学实验学校任教。突然，凯奇被要求对学前班的孩子进行阅读和书写测验。她说：“这对孩子们来说太怪异了。纸笔测验！我班上的学生以为是要他们帮助其他孩子。

现在他们不得不坐下来，而且他们很无语。”

> 因为我是女性，而且是独生女，所以我对男孩儿的成长过程不熟悉。这使我在看着他成长的时候，就像在看一个外星生物——我觉得他似乎有点儿奇特和古怪。他身体里蕴藏着的活力（总是）令我忍俊不禁，我非常喜欢。
>
> ——一个7岁男孩儿的妈妈

在那些年里，凯奇开始相信，目前更加倾向学业定向的幼儿园“对男孩儿没有好处”。实际上的效果是，他们来上学时觉得自己不错，可是立即就发现老师所评价的东西是他们最不擅长的：精细的动作协调，词语/语音分辨技能，听辨词语的开头、中间和结尾。他们达不到这些要求，或者不认识这些词语。他们在6个月后可以做到，但是现在他们还不能快速地回答问题，所以他们不会举手。让他们安静地坐着也非常困难，所以他们被告知自己好动。

带着感情，凯奇继续讲述学校对男孩儿们的约束：“而且，我们已经把他们擅长的所有东西都删去了。在这个年纪，男孩儿们一起建造东西的能力非常强——写作、交流、组成一个建设性的团队，一起做令人兴奋的事情。”她继续描述了那天早上她班上的男孩儿们如何聚集在教室的墙角，为大理石建造了一个双滑道。底部是一个有着几条通道的斜坡，大理石可以从上面滑下来，根据滑下来时所通过的通道数量，会在底部得到不同的分数。男孩儿们在那里写上很大的数字，像100、50，并保存在那儿——“我不是

> 如果你想让他告诉你什么事情，你只需要跟他一起溜达溜达、敞开心扉，然后，他就跟你开讲了。
>
> ——一个5岁男孩的妈妈

说他们会加法。”凯奇强调。当一个人得到了高分，大家会一起欢呼。

凯奇没有教她学前班里的儿童学习阅读。为什么不呢？她对让大家讲自己的故事更感兴趣。那就是她班上每个孩子每天做的事情：他们向她讲述他们的故事，她向全班念出来，然后孩子们再表演出来。她的孩子们在学会阅读之前就成了作家。

“1年级老师很高兴，因为我的学生喜欢讲故事，也不害怕把故事写到纸上。”凯奇说道，“从其他学校来到她班上的孩子可能认识更多的字母和语音，但是他们坐在白纸前却写不出任何东西来，因为他们害怕犯错。”

学前班里普通男孩儿和女孩儿在发展进程上的差异并不是什么秘密。孩子自己也知道这一点。就像有一次一位6岁的女孩儿告诉我的：“幼儿园的所有女孩儿都能阅读，但是不是所有的男孩儿都能。一些女孩儿能读章回书（她自己就能），没有一个男孩儿能做到！”一个1年级男孩儿向我解释道：“男孩儿经常惹麻烦。”儿童凭直觉准确地捕捉到了这些差异。老师和研究人员也认为，这些重要的发展性差异可以预测男孩儿早期学业是成功还是会出现困难：阅读（认知发展）、自控（情绪自我调控的发展）、适应学校群体生活、接纳学习目标（学业发展）——这些是学校生活中每一天的基本内容。

阅读、安静地坐着、认真上学等，都强烈地依赖于发展的进程。所以，虽然所有儿童都会受到学业的压力而不得不加快发展的进程，但是那些在发展进程上稍显稚嫩的男孩儿们在强调学业的学前班里最有可能出现困难或者失败。

类似“我不应该让孩子去上学前班吗？”这样的问题是我所听到的父母最常见的问题之一。可是，这个问题并不那么简单，因为涉及很多因素（见“儿童准备程度的检查单”）。一些父母，像尼克的妈妈和爸爸，不仅让尼克晚上学一年，而且还付给一个小型的私人幼儿园学费。他们有资格这样说，就像尼克的妈妈说的：“他还小，他不擅长适应新环境，他需要更多的时间待在家里。”然而，大多数家庭，不能满足孩子花更多时间待在家里的需要。结果，在学前班里，他们的儿子的周围都是一些发展得更好的成熟女孩儿，和更大的可能发展得也很好的成熟男孩儿，而他们的儿子由于太小，肯定会经历痛苦的。

在芬兰和挪威，他们国家孩子的学业测验分数是世界上最好的。他们的孩子通常7岁才开始上学。虽然挪威和芬兰的学生在刚上学的时候学业成绩不如欧洲其他国家和美国的学生，但是他们很快就能赶上来。

对很多男孩儿来说，上学前班的时间是他们学会控制自己的情感和行为，学会如何与其他孩子进行社会性交往的时间。学前班是他们成长并接受学校的方方面面现实要求的地方。无论家庭财政如何支配，也无论政策制定者采用什么原理来增加学前班的学业内容，去除传统的游戏内容，成人施加的各种影响等，都不能摒除男孩儿的发展对游戏和自由发展的需求。

如何帮助你的儿子顺利踏入学前班?

在大多数国家，当你把孩子送到学前班的时候，都会有一个小小的仪式。在俄国，他们会为新生召开一个开学典礼。去学前班是很特别的一天，人们对这一天都很期待，讨论很多与之有关的话题。为了纪念这个时刻，并帮助你儿子顺利度过，想一些办法让他熟悉上学是怎么回事，熟悉学校的环境，并把它当作成长的一部分。

●提前讨论，但是不要过度。通常，父母自己对儿子上学的焦虑会使他们过多地谈论有关的话题。可以带着孩子去学校看看，这样你的儿子就可以在操场上，或者教室里——如果可能的话——亲身体验一下。很多学校都欢迎大家经过预约后，到学校进行体验，让你儿子跟那些已经上学的男孩儿一起说说话，或者一起玩玩。

●很多男孩儿很喜欢上学，不要把他偶尔的退缩当成他的学校恐惧症。

●一旦上学后，在早上去上学时，养成固定的程序。确定儿子有足够的时间穿衣服，不要急匆匆。早上保持开心。

●如果可能，走着上学或者鼓励他进行一些活动——这会帮助他调节他的体能水平以适应学校生活的需要。

●从他的老师或者其他家长和孩子那里获得信息。如果你担心他的适应力，可以问一下老师他在学前班怎么样。

●跟儿子谈一谈他的一天，或者如果他愿意，允许他谈除了他在学校的一天以外的任何事情。倾听他的恐惧，不要诱导。表达对他的信心，用你的语气安慰他、鼓励他。

一位妈妈的来信：“真正重要的东西”是什么？

亲爱的汤普森博士：

我们7岁的儿子蒂姆，从幼儿时期就开始不可思议地好动，并对任何事情都感兴趣。而且当他小的时候，他被诊断为语言发展迟滞，不只是说话迟滞，他还会（现在有时候仍然会）使用古怪的词语来描述事情。

我曾担心一定是出了什么大问题，导致他无所畏惧、极度活跃。所有这些，再加上他的语言问题，使我们想知道他是否有某种学习困难或者注意障碍。我很怕他，我没法一直保持耐心和和蔼的态度，虽然我希望我能做到。现在承认这一点都还令我觉得很不好意思。在读了您的书，并在学校的一个课程上听了您讲课后，我还有我丈夫，大开眼界。真的，我确实不曾想过男孩儿到底跟女孩儿有何不同。

所以，我们教导蒂姆的方式开始改变了。我们在沙子上写字母，通过蹦跳教他计数。我们学着不对他说“他不能跳高和滑雪”，相反，我们告诉他在开始大的跳跃之前，需要先学会小跳。我们学着不去人为地推动他的发展，让他6岁才去上学前班。

我们仍然不知道他是否有学习问题，但是现在不重要了。我知道了最重要的事情是养育一个亲和的、有同情心的人，而且我已经学会了欣赏和赞扬他。

我们开玩笑说，我们可能无法带儿子去装潢精美的餐馆，但是我们可以去徒步旅行、滑雪和攀登，他能做别的男孩儿不愿做的事情！

吉夫和伊恩：富有挑战性的变化

吉夫，很担心他的儿子伊恩。伊恩是一个上幼儿园的5岁男孩儿。虽然对于上学前班来说，伊恩已经足够大了，都5岁10个月了，可是“他明显不愿意去”。他爸爸认为对伊恩来说最大的挑战就是将要“服从规则”。“他叛逆。”吉夫说。他觉得自己了解伊恩：“他满脑子胡思乱想，精力旺盛。在这一点上，学校几乎不能提供任何他感兴趣的东西。”

伊恩也有反击父母的办法：他极其固执、故意噘嘴、会躲起来，也会激烈地反抗。

“我给他穿上衬衣，其余的衣服他却不让穿。”吉夫说道，“当我出去一趟再回来的时候，他就光着身子了。”

伊恩不愿意讨论他对学前班的恐惧。当父母提起这个问题的时候，他会转移话题。“这是否认和回避。”吉夫说道。

吉夫和伊恩的妈妈安妮塔，在伊恩上学的第一天早上都哭了。“他把我们的心都带走了。”吉夫承认。只有当看到另一家哭着的父母把他们儿子的空自行车带回来的时候，伊恩的父母才忍不住对自己的表现笑了起来。把儿子送去上学终究不是一件生离死别的事情。但是对伊恩来说，还真有这种感觉，从家里那舒适安逸、游刃有余的环境中被人突然带走，失去了拥抱和亲吻，一下子坠入学前班的深渊。对他来说，这是一个未知的世界。

虽然开始的时候很艰难，但是到了年中的时候，像其他大多数男孩儿一样，伊恩适应得非常好。实际上，伊恩上学的过程体现了典型的、富有挑战性的上学经历。他必须设法应付跟父母一整天的分离，而且每周有5天。他必须跟比幼儿园里更多的儿童共同分享老师。他必须学会如何化解社会性的矛盾冲突，应对每天跟其他儿童在一起时的压力，掌握合作的技巧。他必须学会如何处理受到伤害时的感情和挫折，如何遵守学校的时间表，实现老师的期待。最特别的是，伊恩必须学会情绪的自我调控。学前班是一个很有挑战的地方，特别是对一个精力旺盛、不够成熟的男孩儿来说，更是如此。

伊恩一直过得比较辛苦。但是到了第二年春季的早些时候，他的父母终于松了口气，因为他们看到伊恩在处理与朋友之间的关系，了解朋友的含义，明白这一个小组和一个大组分别意味着什么等方面取得了显著的进步。

“第一次课间休息对伊恩来说简直是个灾难。”吉夫说道，“我就在那儿看着，他变得非常不安，因为体育老师向孩子们喊口号让他们排队站成一圈。他无法忍受那种命令式的训练，央求我带他回家。现在，他适应了。而且，他开始喜欢那个原来让他流眼泪的老师了。他变得坚强了，不会对学校教育中包含的些许暴力感到受不了了。”而且，他不再挣扎着不去上学了。“每个月只有2～3天会退化一下。”吉夫说道。他认为，这要归功于学前班的发展性课程，而不是学业课程。一直到学前班毕业，这里都没有阅读方面的要求。他的课程就是学习元音相同或相近的词——岔、爸、帕等——伊恩能够跟上其他孩子的进度。

另外，伊恩的社会性交往技能也得到了显著的发展。“在上学前班之初，他在班上没有朋友。”吉夫说道，“现在，他有了四个朋友，每天放学后还有一个玩伴。在上学之初，如果他的一个朋友想要跟别人玩，他会不知所措。现在，他可能会不高兴，但是会从容应对，问对方他是否可以把对方的电子游戏机带回家去玩。

安妮塔发现，伊恩还对合作游戏，以及他在这种社会情境中的角色有了进一步的认识。在年初的时候，伊恩总要在创新游戏活动中发号施令，例如，为一个假想中的游戏故事编造出故事情节。稍有不如意了，他就会抹眼泪，并拒绝继续玩游戏。“当他们不按照他指定的戏剧情节玩下去的时候，他就会发飙。”安妮塔说道，“现在，我在游戏进行过程中看到很多妥协和让步，如果某个小朋友坚持按照《星球大战》中的某个人物那样演或者应该具有某种特点，而伊恩不同意的时候，他会争辩几次，但是这种僵局不会像以前那样导致他退出游戏。之后，他会告诉我那个小朋友说的话，以及为什么他不同意。他显然在寻求别人的肯定。当然，他通常都是对的，因为这些电影他已经看了无数次。但是他没有让类似那样的争论影响游戏的继续进行，这表明他已经足够成熟了。”

改变正在缓慢而坚定地进行着，吉夫认为：“我觉得这种变化正在逐渐地朝着正确的方向前进。”

儿童时期的发展就是这样的：逐步递进。特别是当男孩儿开始正式上学，发展才慢慢地显现，并在个体之间出现较大的差异。如果处在一个要求同样速度和统一步调的环境下，这种发展的方式就会显得有问题。从婴儿期和幼儿期生长发育的巨大变化中走过来，我们在幼儿园到2年级这段时间所看到的成长会显得非常缓慢。只有在学期末的时候，父母才会想起孩子第一天上学跟他们说“再见”那一刻，并将那一刻的他跟此时跑出门去到夏日的阳光下玩耍的他做比较。直到这个时候，父母才会发现，他真的长大了。

发展中的自我调控：学会自我控制和协作

苏琪·沃克曼在马萨诸塞州伦诺克斯市开了一家艺术馆，专门收集和珍藏儿子丹尼尔上学前班时老师寄到家里的卡片。这些卡片有7.5厘米×12.5厘米那么大，描绘了丹尼尔每一天的进步。她在名字叫做《学前班笔记》的书中公开了这些卡片。卡片印刷的时候就是老师当初在卡片上做记录时的样子，上面用不同的颜色做了标记，并带有小笑脸或者皱眉的脸。当你看这些卡片的时候，你会感受到男孩儿上学后第一年所面对的各种挑战。

> 丹尼尔，今天早上你表现得不好——在早上休息时间你讲话了，还打了迈克尔。午饭以后，（皱眉的脸）你下午的表现好多了，但是加尔说你听音乐的时候在跑动。
>
> 丹尼尔，你今天表现很不好。由于你讲话，而且你在座位上把铅笔放到耳朵上逗大家笑，所以被罚出去了。在休息的时候，你管乔纳森叫傻瓜什么的；午饭的时候，你把足球踢到了奥利弗的脸上。我提醒你注意你的行为，但是你好像忘记了。
>
> 丹尼尔，你今天早上的表现非常棒！（笑脸，“非常棒”的贴纸和小红星）今天下午除了你在玩10个问题的游戏时有点过度兴奋和大声喊叫之外，你做得都很好。在练习音乐的时候你做得非常棒！！（笑脸）

接着，某一天，他父母收到了一张严肃的卡片：

> 我需要让您知道今天在学校的时候，丹尼尔使用了不恰当的语言和体势动作（骂娘并竖起中指）。所以，今天他被惩罚减少5分钟自由活动时间。我告诉他下次再这样就要送他去办公室。他希望我告诉您他今天帮助老师发小点心了。

当我访问丹尼尔的妈妈时，她告诉我班上并不是只有他才有这样的卡片。“很多人都有。”她说道。他的小朋友奥利弗曾收到过老师的卡片，上面这样写着：“今天奥利弗朝丹尼尔身上撒尿。”“他们当时在浴室里，互相愚弄。”苏琪说道，在回忆20年前的这些事的时候，她忍不住笑了。

这些搜集起来的卡片反映了每个男孩儿在上学第一年里所经历的从不适应到较好地控制自己冲动的过程。你可以从老师的评语中听出她的愤怒和耐心——“我提醒你注意你的行为，但是你好像忘记了。”这本令人动容的书献给“丹尼尔和他的老师”，准确地表明，男孩儿学会管理自己的冲动行为这个过程需要男孩儿和他们的老师们在学前班的教室里共同努力才能实现。

到了上学年龄，跟同龄女孩儿相比，3/4的男孩儿在任何课堂上都会更加活跃、更加冲动，在发展上也更加不成熟。像丹尼尔这样与尼克在同样年龄（5岁9个月）开始上学，可是明显过于活跃的男孩儿到底出现了什么情况？开始上学时，与尼克不同，丹尼尔不是那种严肃认真、安静平和的人。

丹尼尔有注意缺陷障碍吗？如果他现在在上学前班，他也会被诊断为有障碍并接受治疗吗？家长和老师经常问我关于学前班里“活动过度”的男孩儿的问题，我的答案是，我非常不愿意把一个5岁的男孩儿诊断为活动过度，因为他还没到7岁，特别是当他周围有“一群”像他一样好动的男孩儿的时候。他每天都受到男孩儿们的刺激，他还没有经历学前班的社会化过程，或者还没有成熟到可以每天跟老师密切配合，最重要的是，他还没有完成5～7岁的转换。在他还没有品尝这些重要发展阶段的成果之前，我绝不会对哪个男孩儿进行诊断的。

在《学前班日记》一书的结尾，我们了解到，丹尼尔现在已经24岁了，是一个“温和的、有爱心的、专注的、独立的，以及——正如人们所期待的——富有想象力的人”。他成了一位音乐家、打击乐器乐手。现在，跟他爸爸一样，正在制作音乐。他妈妈说：“他现在非常幸福。”

在面对学校的规章和培养目标时，男孩儿在自我控制方面的问题很常见。高活动水平和冲动性是无数学前班男孩儿的共同问题，当他们上中学甚至高中的时候，他们中的很多人仍然会有这样的问题。但是学前班是一个特别的地方，1年级和2年级同样如此。从发展的角度来说，在这个时候，看似“不成熟”的行为或不平衡的发展可能都在正常的范围内，随着年龄的增长，这些都会自发消失的。“正常的”范围和某个特别的男孩儿或与某个特别的伙伴群体之间，或者他与老师的人格，或老师的、学校的或父母的期待之间的“拟合”程度，会让任何轻率做出的活动过度的诊断或者其他诊断失去依据，即使是专业的人士也是如此。而且，代价会非常高昂的。

培养男孩儿的专注力

如果你在养育儿子，就不可避免地会不断听到“专注”和“注意”之类的词——在我们忧心地讨论男孩儿和学校的话题时，这两个词成了流行语。这两个词通常的含义是：“为什么我们不能让男孩儿把注意力集中到我们认为重要的事情上呢？例如注意听老师讲、安静地坐着、看拼音识字等。”答案是男孩儿经常难以在学校里集中注意力。然而，他们在长时间专注于自己喜欢的事情时，从没有问题。实际上，那才是男孩儿自然形成专注能力的地方。

如果你想让你的儿子上学时具有良好的注意能力，你所能做到的最好的事情就是给他时间安静地待着，让他在幻想中玩儿他最爱的玩具。这就是说，有意安排一个可以让他独处的空间，你可以这样做：

●关掉电视。

●找一个安静的玩游戏的地方，你可以陪在儿子旁边。

●跟你儿子一起玩游戏（定期）。

●保证这个宝贵的时间不受过多的课后活动的影响。

也许，提供游戏时间的想法曾是一个常识，或者是一个家庭晚间生活的自然组成部分，可是在这个“喧嚣的”现代世界里，就像作家爱德华·哈洛韦尔（Edward Hallowell）所描述的，独处很难。我们现在生活的这个国家里，几乎每个家庭里的电视都要比人还多。在家里，很难找到一个不受大众传媒影响的地方。

我曾访谈过很多男孩儿和他们的家人。男孩儿玩儿的地方通常不在他的卧室，而是在客厅，临近厨房。在那里，有一个沙发、几把椅子，一张桌子上面有一台电脑、一个CD机、扬声器、橱柜、玩具箱，和一个巨大的等离子电视。当电视开着的时候，独处是不可能的，它使男孩儿无法专注于他的游戏。然而，游戏是他的圣殿，是他天生的归宿。

当我到家里访问一个叫做麦特的7岁男孩儿的时候，开始，他对接受访问非常热情，在我向他父母不断地问问题，问了30分钟之后，他开始厌倦了大人们的对话。我发现，当我跟他妈妈说话的时候，他坐在了地板上，开始玩他的《星球大战》的战舰、《圣魔战记》中的千年鹰号。开始，他向我描述这些东西——例如，“这是钛战机”——并模拟着电子R2D2（《星球大战》里面的人形机器人）和乔巴卡人的声音，但是这一轮讲解一结束，他就从对话中抽身，开始专门玩游戏了。他妈妈和我就坐在离他不到2米远的地方。但是麦特沉浸在自己的世界里，完全被他自己想象中的故事情节吸引住了。

这种想象游戏对孩子来说非常宝贵，需要得到保护。然而，需要安静的专注才能创造出想象丰富的情境。电视泛滥是最大的威胁，家人的忙碌是第二个威胁，电脑很快就会成为第三个威胁。如果电视摆在了麦特家的客厅里，那么麦特将没法专注于他的《星球大战》游戏了，至少，他需要在电视屏幕和玩具之间分配有限的注意力。已经有大量的研究表明，电视可能会降低注意广度。

研究证实，给孩子读书，带他去博物馆，给他讲故事这些活动会提高他的注意力。根据我的经验，儿童一天中最专注和安静的时候就是他们独自游戏和跟父母看书的时候。

现在，太多的父母担忧孩子将来的学业，太少的父母能够认真思考一下什么才是真正合理的——也就是说，对他们的儿子来说，最好的学业发展基础可能是在家里安静的、持续的游戏和一个强调社会化、游戏和户外活动的学前班。

不要为早期阅读而恐慌

很多识字较晚孩子的父母会担心自己儿女的阅读发展问题。特别是有儿子的父母，早晚会担心的。在这个全球化的时代，教育的高速列车已经离站始发，所以，几乎不可能不为男孩儿的“落后”感到恐慌。几乎每位父母都听过这样的说法：男孩儿不喜欢阅读；即使男孩儿长大了，他们也不会主动去阅读的。所以，在你还能够影响孩子的时候，就会非常希望能够早一点儿让孩子努力学习阅读。我可以理解这种想法。我也有个男孩儿，而且，当他还小的时候，我就担心他的阅读问题；即使是现在，我依然担心——他已经16岁了——因为有电脑和游戏机的干扰，他阅读的时间太少了。

当你的孩子5岁或者6岁的时候，你必须相信阅读的发展将是更大的发育进程的一部分。每个孩子都有自己的时间表来确定何时开始阅读，任何父母，无论多么热心，都无法显著地促进这个过程。在任何情况下，阅读早晚都无法预测未来是否拥有光辉前程或者取得学业的成功。

如果你对儿子的阅读早晚问题有所担心，那么，你儿子就会对你的焦虑有所察觉，从而会或外显或内隐地从你那里接收到如下信息：（1）他有什么地方做得不对；（2）阅读比他做的其他任何事情都要重要；（3）阅读是一件非常艰巨恐怖的任务。如果你继续紧张焦虑，那么，他也会变得焦虑。一些宣传促进阅读课程的广告商正是利用了你的焦虑来销售他们的产品。上学的儿童需要接受大概每天20分钟的看拼音识字和全语言学习从而学会阅读，看拼音识字和全语言学习活动是大多数学校课程的一部分。如果教育工作者在负责这个事情，我不建议你把看图识字这样的活动也搬到家里让孩子做，或者让孩子参加课后阅读辅导班。

你在家里能做的事情就是为孩子提供一个宽松而丰富的语言环境。当你晚上送孩子上床的时候，读书给他听。实际上，我希望你从他很小的时候就已经开始这样做了，因为你的声音能够使他平静下来，并帮助他入睡。我希望你一遍又一遍不断地给他读他最喜爱的故事，直到他记在了心里（而且，你可以把书随便扔了，因为你已经讲了这么多遍了）。重复会使他变得自信，因为他会觉得他已经在心里掌握了整个故事，所以他也能够掌握语言。当我小的时候，我爸爸妈妈就经常给我读A.A.米尔恩（A. A. Milne）①的诗和故事，其中的一些，像《霍顿奇遇记》（*Horton Hears a Who*）和《小象霍敦孵蛋》（*Horton Hatches the Egg*）已经永远印在我的脑子里了，而且，我对此感到非常高兴。（也许正是因为这两本书，我才成为一名心理学家的！）

大体上来说，我希望你在他1年级结束之后继续这样的睡前读书活动，继续读，直到他10或者11岁。在某个时刻，他会主动结束，对你说道：“我可以

① 英国著名剧作家、小说家、童话作家和诗人，小熊维尼的作者。——译者注

自己读了。”在此之前，不要停下。

当你儿子3～5岁的时候，他很喜欢词汇，在这个时候，你需要跟他一起编造一些无聊的词。只要你还可以忍受，就要带着他一起跟你玩儿哑谜打岔游戏（“开门，开门。”“谁呀？”“橘子。”“橘子是谁？”“橘子你高兴见我吗？”）。换句话说，就是在词汇和语言中寻找乐趣。鲁道夫·爱克斯坦和洛克·墨托在他们的书《从学习到爱学习》中提出，我们的学习动机形成于我们早期温馨有爱的家庭关系。他们说得并不完全准确。有语言相关学习困难的儿童虽然也得到了最好的关爱，可是他们仍然面对着巨大的困难，当学习阅读的时候，他们会感到深受挫折。不过，如果你儿子把跟他爸爸和妈妈在一起最温馨、最快乐的时间与词汇和语言的学习联系了起来，那么他未来的阅读发展就有了一个非常好的开端。

学前班里男孩儿面对的社会性挑战

在幼儿园里的每一个男孩儿和女孩儿都会成为这个或者那个更大的儿童群体的成员，所以他们都必须面对来自这方面的社会性挑战，必须容忍无法回避的可能被拒绝的压力。任何到班级里或者操场上做志愿服务的父母都会对孩子之间刺激性的评头品足以及时不时的冷酷揶揄而心生退意。

跨文化研究已经表明，所有的儿童，包括那些小于5岁的儿童，都会通过互相揶揄来试探对方，从而了解对方是否坚忍，是否有幽默感，并据此判断对方是否可以成为好朋友。感到受辱和被排斥的儿童可能会哭泣、退缩、向老师告状，或者以牙还牙；而一个愤怒的、冲动的男孩儿可能会打人。在这段时间里，儿童们不断地结交朋友，又失去朋友，还会找到自己在班上的地位。他们都必须学会合作，甚至是跟那些他们不喜欢的孩子。这就是学前班的社会化作用。

在学前班里，男孩儿的社会化经验会跟女孩儿的稍有不同。虽然男孩儿会在建造项目上进行合作——还记得尼克的绿色监牢吗？——他们还会为了社会地位而打斗，从而在教室里建构起一个等级制度，最受欢迎的男孩儿处于统治地位。有时候，男孩儿会受到有权力和地位的男孩儿的欺凌。一个男孩儿是否会受到揶揄取决于他是否捣乱、讨厌，以及烦人——或者班上的男孩儿领袖是否需要一个替罪羊。学前班里明显缺少同情心和社会敏感性，而且，随着男孩儿渐渐长大，这种社会性的冷酷只会变得更加系统化和有针对性。

有一位老师曾咨询我，说她班上有一个男孩儿非常具有领袖魅力，所有的男孩儿都抢着跟他一起玩。他的两个最亲近的“副官”向这个最受欢迎的男孩儿提议说，他应该通过准许或反对的手势来指示他想跟谁玩，这个手势标示着社会性意义上的生或死。基于这个信号，他们将会请入或者逐出某个男孩儿。这是一个极端的例子，在学前班并不常见。但是研究显示，男孩儿比女孩儿更倾向于建立一个社会化的等级制度。而且，他们在第一次一块儿游戏的时候，就会立即着手建立这样一个制度。

凯瑟琳对学校文化的观察突出了两种个体差异之间的重要区别：即在能力发展方面的个体差异——这种差异会影响男孩儿在学校环境中的成绩，和在兴趣和表达发展方面的个体差异——这种差异与能力无关，但是可能会导致一些被看作是不成熟的或者不适当的行为，学校里不提倡这些行为，并将会通过教育手段将其去除。

> 我曾经打过他。但是有一次我发现我太生气了，觉得这样可能会做出过激的事情，所以从此以后就再也不打他了。我明白了我需要采用另一种教育他的方法。我提醒我自己，即便是在教育他的时候，我也必须让他感觉到跟他爸爸在一起是安全的。
>
> ——一个 6 岁男孩儿的爸爸

男孩儿之间在言语和身体上的竞争贯穿于他们的整个学校生活之中。在幼儿园里建立起来的等级制度与3年级时的相比更加多变和不稳定。但是这种现象是确确实实存在的，不容忽视。一位父亲曾描述了他1年级儿子和他的小伙伴之间的这种典型对话：“他们谈论谁是最棒的、第一、最大、最快，如此等等。他们谈论喜欢的科幻小说、最爱的玩具、幻想中正义与邪恶之间的战斗。”

男孩儿们谈论谁是老大，谁不是，谁最棒，什么最关键，无论话题是关于运动的、动作影星的、打斗游戏的，还是男孩儿群体中的成员的，这种谈论无休无止、你争我夺。有时候，这种言语争论太过快速以至于似乎他们其实都没有听对方在说什么，在试图压倒另一方之前，他们几乎不会停下来。但是他们的确是在听，因为每个发言者的发言内容都是基于前者的。

男孩儿之间的这种竞争性谈话通常会令女性感到不安，尤其对他们的妈妈来说，这种谈论似乎太过粗鲁和有攻击性。而且，没有哪位妈妈希望自己的儿子处于社会的底层，被其他男孩儿驱使。妈妈们通常将这种习惯看作是“不好的”或者不成熟的，并不由自主地想上前打断、阻止，或者转移话题。相反，爸爸们（以及男老师们）倾向于观望，因为这种讨论他们在学校里已经听过无数次了，他们自然明白这其中的隐情，而研究人员也已经发现：学校里男孩儿之间言语和身体上的竞争的目的是为了建立一个等级制度，一旦这种等级得到男孩儿的认可和尊重之后，就自然会减少他们之间的攻击性行为。

但是，这不否认有时候确实有针对班上某个好欺负的男孩儿的真正的欺凌。当这种欺凌发生的时候，那个受害男孩儿需要大人的介入和保护（而且，这种欺凌要监护、限制，也许还需要治疗）。但是，认为绝大多数男孩儿之间的竞争都是危险的和有害的是错误的。它们并没有害处。尊重男孩儿之间的这种竞争是非常重要的，所以大人们不用非要让他们的对话“成熟一点儿”——更加彬彬有礼，更少竞争。

男孩儿的故事：残忍、奇妙和有趣

监牢、坏蛋、棍棒打斗，以及谁是《星球大战》里面的老大——这些都是健康的男孩儿游戏和男孩儿故事的经典主题。研究表明，到了4岁，男孩儿们假装的攻击行为是女孩儿的2倍，到了5～6岁，这个比率会更高——达到6∶1！而且，在幼儿园、小学1年级和2年级，我们会看到男孩儿和女孩儿阅读兴趣的分化，这种分化将会贯穿整个小学时代。我们对这些与性别相关的主题做出的反应将会告诉男孩儿和女孩儿们，我们对他们的兴趣是否保持信任，以及我们是否对他们保持信任。

女孩儿们讲的故事集中在社会关系方面，而且通常是比较圆满的结局。让我们看一下埃里卡讲给她的幼儿园老师珍·凯奇的故事：“从前有一只熊猫，接着来了一头大象，他们在一起快乐地生活。”

那当然不是符合男孩儿风格的故事。跟埃里卡同班的男孩儿塞斯讲了一个经典的男孩儿故事：“有一匹马，它被一个老头给杀了。然后，一只独角兽又杀了那个老头。从此以后，那只独角兽幸福地生活着。”

你现在可能觉得，从此以后幸福生活的故事可能应该包含两个冷血杀手，但是这是塞斯的故事，也是很多男孩儿的故事。当学前班里的女孩儿们对这样的故事表示不满的时候，埃里卡声称：“我住在农场。我喜欢马。”我们正在教室里拍摄PBS的纪录片《养育凯恩》。这一天，围绕着塞斯的故事，男孩儿和女孩儿出现了观念上的矛盾。老师如何应对这种困境，将对回答性别差异的问题产生有意义的启示作用。她所做的是不去禁止此类所谓的暴力故事，她明白奇妙力量（包括杀手）的幻想对男孩儿的生活来说有多么重要，男孩儿可能会觉得脆弱无助，而这些故事对他们来说有安慰作用。她允许他们按照他们的方式讲他们的故事，为其他儿童创造出一个平台来真实地表达对这类故事的反应，虽然这类故事时而会令她们感到不高兴。

无论他们写故事、讲故事，或者一边上演故事，一边大声地、兴奋地讨论或者相互评头品足，男孩儿们总是对英雄历险有无尽的热诚，对恶人有生动的想象，而且在他们的故事里，恶人总有恶报。很多大人都有一种冲动想要让男孩儿们写或者说点儿别的东西，因为他们担心这些故事会对

> 让我感到高兴的是，我儿子教会我容忍一定程度的混乱，而这些是我以前连想都不敢想的事情。
>
> ——两个儿子的妈妈，一个7岁、一个11岁

他们将来的发展不利。可是，这些故事对他们将来的发展会有什么影响呢？为什么大人会打断5岁男孩儿的幻想呢？我觉得有三点原因使男孩儿们的幻想令我们感到不舒服。第一，听到这些故事的大多数成人都是女性——妈妈和小学老师——男孩儿们的幻想几乎与所有的女性话题的基本原则都相违背，故事里包含了太多的冲突和战斗，太少的温情或友谊。第二，我们生活在一个充满暴力的社会，我们不知道为什么一些男孩儿长大后会变得暴力，所以我们对那些我们认为可能会导致暴力的任何事情都反应过度，甚至都没有检验过我们这个逻辑的因果关系。第三，这一点同时适用于老师和父母，就是说，我们担心其他成人听了以后会觉得我们“允许”孩子有攻击性，因此我们可能跟孩子在某些方面串通一气从而可能会导致真的暴力。

如果你将有一个男孩儿，即便你不喜欢，你也必须学会信任他儿童时代的幻想和故事，以及幻想和故事中出现的他的朋友们。

当然，区分游戏暴力和真正的攻击行为很重要，但是我觉得大多数大人和儿童都有能力对二者进行区分。我甚至都不喜欢“游戏暴力”这个说法，因为这个说法会不可避免地让人将游戏和暴力两个词并列考虑。游戏就是游戏，暴力就是暴力。当学前班的儿童们在假装结婚或者生孩子的时候，我们不会将之称作“性游戏”，也不会担心这会导致孩子过早体验性早熟，是不是？这是因为我们明白这是纯而又纯的儿童游戏。

如果老师和父母的直觉无法让他们了解这其中的道理，那么，他们就必须对自己进行训练。关键是，如果我们不能欣赏男孩儿的游戏——这是5~7岁男孩儿最重要的表达形式——男孩儿们会觉得我们也不欣赏他们。而且，他们实际上就是这么想的。当我问小男孩儿们，老师反对他们的游戏，他们怎么想时，他们经常会消沉下来，变得悲伤，并说道：“她不让我们那样玩儿。”语气中透露出学校不让他们做男孩儿之意。

如果我们带着成人暴力的有色眼镜观察此类男孩儿游戏的话，我们会失去通过这些游戏了解男孩儿隐秘的情感世界的机会。

有些人可能会辩解说，男孩儿们用手指当枪相互射击会导致过度兴奋并引起痛苦的感受。我同意这种说法，我已经看到过这种情况了。但是学前班里的很多事情都会导致过度兴奋和眼泪：排他，男孩儿们相互大吼，拿自己的《游戏王》卡片吹嘘，以及就谁是最受欢迎的运动员、超级英雄，和对家庭用车的大小和类型进行争论。女孩儿会进行女孩儿版本的揶揄和争吵，也会导致很受伤的结局。对这些事情，大人们倾向于用谈话的方式来纠正，而不会害怕并胡乱预期和施以惩罚。你必须教所有的孩子学会自控和同情，你不能通过禁止某一种性别特有的特定游戏来实现这一目的。

在最合适的时间开始学校生涯

如果你在选择是否上幼儿园问题上处于两难困境，考虑一下下面这些因素，并核对一下后面的得分解释会对你有所帮助的。这个很有用的适宜性检查单来自凯瑟琳·弗雷泽，她是马萨诸塞州艾灵顿城儿童早期问题协调员。

●年龄。你儿子有可能是他班上最小的孩子吗？你的孩子是否出生在8月下旬，而你所在城市的入学截止日期是9月1号？

●幼儿园的意见。你儿子的幼儿园老师是否建议他“晚一年再上学”？或者他们是否说过他已经完全可以上学前班了？

●筛查/学校报告。你儿子就是否需要特殊帮助的问题做过筛查？他的表现报告中是否反映出他“已经掌握了大多数技能”，或者仍然有很多技能“尚未”掌握？来自这些方面的信息会告诉你他此时的整体成熟程度和前学业技能水平。（记住儿童以自己的节奏形成这些技能和兴趣。任何测量反映出的问题都不具有长期的意义。）

●产前/围产期历史。你儿子早产并且/或者刚出生时状况很差吗？如果你儿子是收养的，你是否了解或者怀疑有这样的问题？

●健康。你儿子是否曾出现过严重的或者频繁的健康问题？仔细检查一下呼吸、消化、整形，和耳朵、鼻子、咽喉的问题，过敏以及住院记录。

●个人历史。你儿子是在6个月大的时候收养的吗？在他2～3岁前，是否有过多个看护人？你和儿子搬过家吗？你们是否经历过丢东西、亲子分离、家庭破裂或其他创伤（例如，父母患病，父母不和，意外事件、失火，兄弟姐妹患病）？

●父母立场。你是否有强烈的感觉或有个人理由，认为应该送孩子去上学，或者把他留在家里？你上学的时候是不是太小了？你是否决定好了让儿子在中学时成为个头和力量都适宜的运动爱好者？你是否怀疑过儿子该不该上学，但是你却知道他自己非常渴望学习、跃跃欲试，而且很有竞争力？你是否倾向于送他去上学，但是会听别人的建议？

得分键：在考虑了上面的7个因素之后，给每个因素打一个加号（表明这个因素不是问题）或者一个减号（表明这个因素有问题，有疑问，或者需要关注）。如果你有多于4个减号，你可能就需要在1～2个月以后再检查一次，看看你是否会改变你的选项，或者跟你儿子的幼儿园老师或者儿科大夫谈谈，征求一下他们的意见。如果你在你儿子上学前班之前6个月进行这个检查，你可能做得太早了。很多男孩儿在刚满5岁那一年的3月份的时候看起来不成熟，但是到了5月份他们会准备好上学的。

记住，你对儿子的了解是值得信赖的。他会在最合适的时间开始学校生涯。

阅读是男孩儿最难的学习任务

在布兰登波士顿郊区舒适的家中，他和我面对面坐在客厅里米黄色的大沙发上。现在是他2年级的秋季学期，还有2天就8岁了。他在跟我讲对学校的喜好。他说数学最好，艺术也不错。当然，还有体育。在我的追问下，他又加上了社会研究课，因为它是关于“事实”的。他没有提到的就是阅读了。从他妈妈那里我知道，他在学前班里还不会阅读，直到1年级的时候他才慢慢地学会。实际上，他现在是2年级的秋季学期，才成为一个流畅的阅读者。那是一件令他尴尬的事情。

但是在家，他有爱看的书籍。他给我看他和姐姐共同收藏的书，叫做《百科全书》（*the Ologies*）——一套充满想象力的、高度视觉化的、含有丰富信息量的系列书籍，包括《恐龙知识指南》《魔法知识指南》《海盗知识指南》和《埃及知识指南》。这些书是事实和虚构的有趣组合。布兰登打开《埃及知识指南》给我看一位“祖母的日记”，其实“就有点儿像故事”。“她或者被鳄鱼吃掉了，或者被绑架了。”他说，但他不记得具体是怎么回事了。《恐龙知识指南》里面还附带有另一本书《追踪和驯服恐龙》。“看！”布兰登兴奋地说，“我还喜欢《海盗知识指南》。它有一张藏宝图，你必须把两半拼在一起。我做给你看。”他说着，跳起来把书拿过来。

把书翻到了他最喜欢的地方后，《海盗知识指南》打开了一张藏宝图，或者说是半张地图，背面有半个头盖骨。要想把它弄得完整，你就必须从书的其他部分的某个密室中把另一半找出来。他给我看另一半藏在哪里：“当你把两半拼在一起的时候，你就能看到整个头盖骨了。”然后，他给我演示了一个“真正完整的”独眼巨人像。

对布兰登来说，书中自有黄金屋：这些书将他与海盗和令人兴奋的怪物以及他姐姐小时候的兴趣联系在了一起。然而，他对阅读还不太适应。这没什么不正常的！有很小一部分儿童直到2年级晚期或者3年级早期才学会流畅的阅读，其中大多数孩子都是男孩儿。当普通男孩儿刚上学的时候，他的语言能力几乎落后于同龄女孩儿一年——女孩儿比男孩儿使用更多的词语——在阅读方面，尤其如此。

在整个人生中，阅读是最难的一项学习任务。一旦某个人学会了阅读，他一般就会忘记他当初掌握阅读的时候到底有多难了。阅读过程涉及把一组任意形状的符号——笔画和部首——和一组任意发出的声音——b、p、a、o——组合在一起。学习合并和分化词语中不同的声音，学会所有的规则和例外情况。这是一件极其复杂的事情。在经过了数年的争论之后，我们仍然没有一种简便易学的方法能够有效地教会所有的学生阅读。我们知道的是，出现阅读困难，被诊断为阅读困难，并被送到特殊教育班级中去的男孩儿几乎是女孩儿的2倍。很多此类的男孩儿被送去特殊班级是因为他们在阅读方面落后。其他人被送去是因为他们不能阅读，导致挫折和耻辱，从而产生了情绪问题。

1、2年级男孩儿的挑战是什么？

无论什么时候，当我问2年级的老师们，他们年级的学生所面对的最大挑战是什么，以及那些特别针对男孩儿的挑战是什么的时候，阅读和书写总是排在前面。安娜是一所公立学校的老师，她在1年级担任了18年的老师。她写道：最大的挑战是“使所有学生的阅读成绩能够在1年级结束的时候达到本年级的预期水平”“使所有学生都能够在1年级结束的时候书写成绩达到我们地区要求的预期水平”，以及“学生在1年级结束的时候能够每分钟阅读38～40个词”。

无论对安娜来说，还是对无数的1年级老师来说，很明显，他们班上会有相当一部分男孩儿无法达到这个目标。很多上了1年级的男孩儿都有阅读技能方面的困难，所以他们已经被看作是显著落后的了。我的问题是：落后于什么？他们落后于女孩儿、男孩儿中最好的，还是州教育部所设立的标准？有没有一种可能，我们在为男孩儿设立标准的时候没有考虑到他们的发展轨迹？就像另一位老师所说的，“很多有困难的男孩儿说明，他们其实就是还没有发展到这个阶段”。

毫无疑问，那些一上小学1年级就被看作显著落后的男孩儿会在学校生活的一开始就有一种无法胜任的困苦感。我能看得出来布兰登在为自己2年级前3个月的阅读能力进行辩护。因为他不能流畅阅读，所以他显然担心自己会有什么问题。

男孩儿如何应对这种感受？最好的情况是，他们只是暂时感到悲伤或难过；如果他们开始形成对学校的敌意，并变得捣蛋或者退缩，变得麻木不仁，那么情况就比较糟糕了。可能最好的方案就是，为有阅读问题的男孩儿找一些他们擅长的其他事情。“大多数男孩儿喜欢数学。”安娜告诉我，“每天，他们都反复地问我，现在是不是该学数学了。”

数学可能是很多男孩儿最喜欢的科目，但是对另一些男孩儿来说，数学可能跟阅读、书写或科学一样无法忍受。男孩儿的心可能属于艺术——他可能是个天才的艺术家，在他的数学本子上尽是涂鸦和绘画；他喜欢动手，钟情于木工或雕刻。当一个男孩儿说他就是为休息和体育而生的，他觉得其他的课都很痛苦的时候，我们会认为他在开玩笑，而且，他也可能就是在开玩笑，但他吐露的也许是实情。这个实情就是：他在学校里有一种无助感。

跳出男孩儿的牢笼

“我觉得男孩儿的牢笼从1年级开始形成。”芝加哥公立学校的顾问，芝加哥埃里克森研究所负责教师培训的吉莉安·麦克纳米（Gillian McNamee）教授这样认为，“男孩儿自己才不会发明学校这种东西呢。不过，我认为学校的任务是让男孩儿对它感兴趣。”

她认为，性别差异很重要。这个问题需要老师和父母们认真进行讨论。她详细阐述了她所看到的男孩儿和女孩儿对学校所做出的不同反应：学校的节奏跟女孩儿的幻想更加切合，女孩儿能很好地社会化，她们能一起围着桌子坐。当老师让她们做一些“坐着完成的任务”时，她们能很好地适应。可是，男孩儿不行。“他们想要说话，他们想要活动。”从纪律的角度来说，男孩儿会受到更多的约束。“当他们焦虑的时候，他们就会干坏事。”她说道，“而且，他们就像磁石一样吸引着老师的注意，老师需要从他们那里获得控制感。他们受到的惩罚使他们对学校的好感荡然无存。”

这是否意味着男孩儿在学校里的前3年永远都不会对学业内容感兴趣呢？麦克纳米教授相信他们会感兴趣的。

“阅读和书写就像听说和讲话一样。”她说道，“男孩儿对阅读和书写并没有本质上的抵触，我们只需要吸引他们。学校里有很多事情是男孩儿们感兴趣的。”

在今天的美国，学校里男孩儿的成绩不良是一个很重要的问题。在特殊教育课程中，有2/3是男孩儿，中学里有2/3的D和F给了男孩儿。而且，他们在高中的辍学率远远高于女孩儿。只有43%的大学毕业生是青年男性。我们的男孩儿们在学业上或者跟女孩儿的成绩持平，或者滑到了后面。我认为，问题是从学前班、1年级和2年级开始的，因为在男孩儿的发展需求和学校低年级的教学内容和方式之间存在不匹配的问题。

令我感到难过的是，很多年来，教育工作者们都未能就这些性别差异问题进行讨论，或者，他们认为性别差异问题远没有种族和社会经济地位的差异更重要。在我们认识到问题的严重性之前，我们始终都无法解决在小学低年级如何对男孩儿进行教学的问题。男孩儿和女孩儿之间成绩的差异是不可避免的吗？虽然男孩儿的学业不良在19/22的工业化国家里都有，但是，并不是全世界都有。

我相信，为了满足我们对早期优异的学业成绩的虚荣，我们无休止地要求男孩儿们早点儿学会阅读，这些做法正在将小学低年级男孩儿们逼到疯狂。很多男孩儿被弄得气急败坏，在早期教育阶段就开始反抗学校。

在对男孩儿进行诊断并将其送入特殊教育课程或送去医治方面，我们还有没有别的选择？答案就是，我们需要在入学前3年创造一种认可男孩儿缓慢的发展轨迹的环境，为男孩儿优先提供社会性的相互交流和游戏的机会。

艾米·沃仁伯格在幼儿园老师和小学校长的岗位上工作了很多年。她现在是费城一家小型私立学校的校长。她声称："你需要一种课堂环境，在这种环境中，不是根据阅读和语言技能来定义'聪明'的。早期阅读除了它本身以外不能预测任何东西。"接着，她描绘了一个男孩儿（和女孩儿）可能会喜欢的课堂：

> 好的1年级甚至是2年级课堂应该有建筑活动角和戏剧活动角，在那里，孩子们可以进行所有这些重要的思考任务——计划、谋划、协作。但是，那里不能太窄，否则活动不开。我们需要认真考虑如何促进孩子之间的交流，以及如何加强群体的动态相互作用。

难道这不正是在本章的开始，当尼克给我看他和他幼儿园那群伙伴们一起建造的监牢时，他为之骄傲的东西吗？难道这不正是经验告诉我们的男孩儿很容易就能获得并将助其——也包括女孩儿——日后成长的那些相互协作和讲究计划性的建造技能吗？我们应当鼓励这些技能的培养。

接受男孩儿的能量和智慧：有效的课堂环境

琳达·达尔的2年级教室非常紧凑——里面有工作坊、拼在一起的课桌，老师的办公桌在一个狭小的角落里，靠近窗户的地方有一个又长又深的土黄色皮沙发。每到阅读时间，“5个小书虫”就可以泡在沙发上，沉浸在书的世界里。

达尔是一个有20年教龄的老教师，有两个已经长大的儿子。她儿子小时候“白天和夜晚有极大的反差”。今年，她的班上有很多男孩儿：14个男孩儿，9个女孩儿。有9个男孩儿被认为有行为问题。在这里，他们的发展正在进行中，就跟其他任何课堂一样。但是大量的男孩儿，以及“有问题”的男孩儿的存在，使这个课堂更容易出现发展的个体差异，即便是在男孩儿之间也是如此。

“作为男孩儿的妈妈，我的经历使我成为一个相当不错的老师。”达尔说道。她的课堂并不偏爱男孩儿，但是她尊重他们，尊重她认为的男孩儿对空间和活动权利的特殊需求，当然也包括承担学业学习和掌握群体生活所需要的基本礼节的责任。

在2年级，阅读对很多男孩儿来说仍然是一个障碍，达尔已经将原来要求的90分钟阅读指导实践拆分成很多时间较短的小组块，有一些活动的自由，和选择在哪里以及跟谁一起阅读的自由。他们可以选择在地板上、椅子上和沙发上阅读。一些孩子（大多数时候是好静的女孩儿）喜欢坐在沙发上。男孩儿们几乎总是选择坐在或者趴在地板上。有时候阅读时间就像是在野营，孩子们可以带来他们喜欢的毯子、枕头和布玩具，使他们看书的时候姿势更舒服。一些男孩儿会带来柔软的玩具，但是其他人带的可能是某个陪伴他们的动作明星海报，他们阅读的时候，会在不同的书页之间跳跃。

在这个放松的环境中，男孩儿们经常三两成群、相互依靠，或者腿胡乱交叉着。有些姿势看起来就像个大写的“L”，后背躺在地板上，脚高高地搭在墙壁上。一些孩子安静地阅读，另一些小声地读给对方听。如果他们一个姿势累了，会换另一个姿势，有时候会卷起自己的东西移动到屋子的另一个地方。但是，大多数孩子都能坚持看书并完成指定的任务。他们知道奖励就在眼前：很快他们就解放了，可以冲出门去休息了。如果你问他一天之中最喜欢的部分是什么，某个男孩儿会回答：“午饭、休息，再休息和体育。”

在课堂内外，达尔鼓励努力学习和自由玩耍。“我们害怕让这些孩子玩耍。”她这样批评一般人的态度，这种态度使孩子们的休息变少，对团体体育项目日益高涨的期盼受到打击，“他们需要自由的游戏。自由游戏有很重要的价值。减少休息时间是一个巨大的错误。他们需要把能量释放出来。”

在另一所学校，科罗拉多丹佛的道格拉斯小学，当负责人凯莉·金从数据中发现男孩儿和女孩儿之间学业成绩上的惊人差异之后，迈出了大胆的一步。她把男孩儿学业不良的问题当作她的头等大事。“我们可以放手不管，因为很明显，过去没人能够在这方面做点儿有意义的事情。或许，我们应该选择做点儿什么。”她说道，“我们决定做点儿什么。”

她和她的同事开始着手研究这个问题的方方面面，并“坦诚地讨论我们对男孩儿的期待”。她说：“如果我们的期待就是希望男孩儿跟女孩儿一样，那么这种态度和期待就不会有任何收获。”

反之，她们问道：“男孩儿的什么在课堂上既是挑战也是幸事？我们如何将他们的力量当作一个机会加以利用，从而促进他们的学习，而不是当作障碍？”金补充道：“我是说，小男孩儿就是小男孩儿。在5岁之前，当女孩儿坐在餐桌上用画笔乱画的时候，男孩儿却在踢球。”

最终，她学校里的改变带来了显著的效果。女孩儿的分数仍然很高，男孩儿的分数在短短一年时间里取得了巨大的进步。“我们必须确认这是对所有孩子——包括女孩儿——都有效的方法。”她说道，“这些改变是要改善对所有孩子的教育。缩小男孩儿跟女孩儿的差距。而且，这些措施见效了。”